おいしいトコだけ
世界一周
食べ歩き

ハナコの書き留めた「味コピ」!

世界の現地ごはん帖

ツレヅレハナコ
Tsuredure Hanako

光文社

はじめに

父の海外赴任が多かったおかげで、ものごころつかない頃から海外には縁があった。

けれども、初めてひとり旅に出たときの記憶はかなり鮮明だ。

きっかけは10代の頃書店で手にした一冊の旅行雑誌。そこには、なんともおいしそうなめん類やごはんものの写真が並び、その隣には「90バーツ（約１８０円）」などと書いてある。えっ、このぶっかけめしが１８０円？

今思えば、それはタイの名物「カオマンガイ（ゆで鶏のせごはん）」の写真だった。子どもの頃から筋金入りの食いしん坊だった私は、「こんな料理を、この価格で食べられるなんて……」とひとり興奮した。そして、「現地で自分の好きなように、好きなものを食べてみたい」とさっそく旅に出たのだ。

親と一緒では味わえない海外での交渉術、発見、時にはトラブル。どれもが刺激的だったし、何より食べたことのない味との出会いは何物にも代えがたかった。

大学生で順調にバックパッカーとなり、その後40代になるまで定期的に旅に出た。その際、必ずテーマにしていたのは「料理を習う」ということだ。

事前に知人のツテをたどるのはもちろん、おいしかった食堂で「厨房を見せてもらえませんか」と頼んだり。インターネットで知った現地の日本食レストランにメールを送り、料理上手なお母さんのいる一般民家を紹介してもらったこともある。

日本でも同じことだけれど、自国の文化に興味を持ってくれる外国人に嫌な気持ちになる人はあまりいない。誰もがこころよく、愛する一品を教えてくれた。

この本では、そんな30年近くで訪れた各国での料理とその思い出をご紹介したい。料理を習ったら現地のスーパーや市場で食材を買い込み、帰国してすぐにレシピを研究。日本でも作れるようになったら友人たちを招いて料理とともに土産話もふるまう。そこまでが私の旅のワンセットだったからだ。

今でも思い出の料理を作るたびに、味や香りだけでなくその土地の光や風や喧騒《けんそう》までもがふわりとよみがえる。もしあなたが、ご紹介した料理を作り、「おいしい！」と感じてくれたならば、ぜひスーツケースを引っ張り出して現地へ出かけてみてほしい。

ツレヅレハナコ

世界26カ国！ハナコの現地ごはんMAP

異国の食べ物に胸躍らせていた子ども時代から現地の家庭で名物料理を教わる現在まで、好奇心と食欲に導かれた旅遍歴をご紹介！

長い冬が育む
独自の食文化
スウェーデン
P102
想定外の
おいしさにハマる！
イギリス
P92
ユーラシア大陸の
食文化が集結
ロシア
P106
シンプル&リッチな
美食の国の家庭料理
フランス
P72
街角や市場で
出会う庶民の味
ドイツ
P96
日本との共通点も
多い海洋国のグルメ
ポルトガル
P88
実は世界三大
料理のひとつ
トルコ
P130
シルクロードの
交差点
ウズベキスタン
P140
日常に根付いた
タパス文化
スペイン
P76
中東を代表する
美食の国
シリア
P134
もち米片手に
いただきます！
ラオス
P36
食をそそるハーブ
たっぷりごはん
カンボジア
P40
人も料理も
おおらかなお国柄
イタリア
P82
地中海の恵みを
味わう
ギリシャ
P110
スパイス香る、
まさに異国の味
モロッコ
P124
食材を引き立てる
スパイスの知恵
インド
P56
インドとは
似て非なるカレー文化
スリランカ
P62
旅人の胃袋を満たす
東南アジアの玄関口
タイ
P44
コクもうまみも
たっぷりの南国めし
インドネシア
P52

台湾で猪血湯に
チャレンジ！

インド・ジョードプルの
素敵レストラン

モリモリサモサ♡

スリランカの港町
ゴールの市場

Travel Snap

目次

Part3 民族が行き交う味覚のるつぼ！ 南米&エキゾチック編

Column 現地ごはん、いただきます！

【この本の使い方】

◯小さじ１＝5ml、大さじ１＝15ml、１カップ＝200mlです。

◯電子レンジは600Wを基本としています。500Wの場合は加熱時間を1.2倍にしてください。

機種によって加熱時間に多少の差があるので、様子を見てかげんしてください。

◯野菜や果物は特に記載のない場合、洗う、皮をむく、種・ヘタをとるなどの下処理をすませてからの手順を説明しています。

Part 1

街にあふれる熱気もごちそう アジア編

アジアを訪れるたびに受け取るのが、
その土地ごとに息づく食の知恵と
街に充満する、むせかえるようなエネルギー。
訪れた市場で、飛び込んだ屋台で、
縁あっておじゃましたおうちで…ｅｔｃ．
さまざまな場所で出会った味の記憶を
日本でも作りやすいレシピで再現しました。

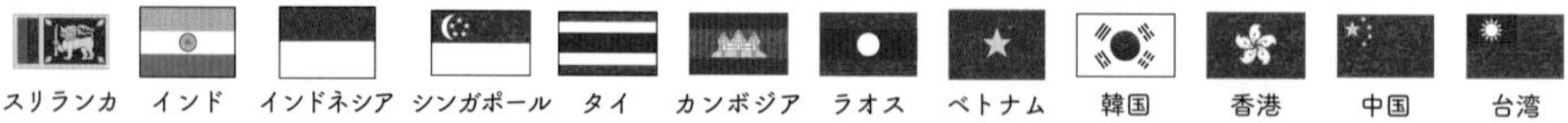

スリランカ　インド　インドネシア　シンガポール　タイ　カンボジア　ラオス　ベトナム　韓国　香港　中国　台湾

台湾

父が仕事で住んでいた関係で、
子どもの頃から何度となく
訪れていた台湾。
エキゾチックな香りと、
どこかなつかしい味わいに
遠い記憶がよみがえる。

Taiwan

ルーロー飯
（肉そぼろかけごはん）

シェントウジャン
（桜えびとザーサイの豆乳スープ）

八角の香りが食欲をそそる台湾のローカルめし。
煮込んだ豚バラのとろける脂がもうたまらん！

ルーロー飯
（肉そぼろかけごはん）

材料（2～3人分）

温かいごはん…適量
豚バラ肉（ブロック）…300g
玉ねぎ…1/2個
にんにく（みじん切り）、
　しょうが（みじん切り）…各1かけ分
A 砂糖…大さじ2
　紹興酒…1/2カップ
　水…1カップ
　酢…大さじ1
　八角…1個
B しょうゆ…大さじ2
　オイスターソース…大さじ1
五香粉…小さじ1
サラダ油…大さじ1
ゆで卵…1～2個
パクチー（ざく切り）、
　たくあん（市販）…各適量

作り方

1 豚肉は半分に切って鍋に入れ、かぶるくらいの水を入れて火にかけ、沸騰したら10分ほど下ゆでする。粗熱がとれたら1cm角に切る。玉ねぎは薄切りにする。
2 鍋にサラダ油を中火で熱し、豚肉を入れて炒める。脂が出てきたら玉ねぎ、にんにく、しょうがを加えて炒め、Aを加えて弱火で30分ほど煮る。B、ゆで卵を加えて15分ほど煮て、五香粉を加えてまぜる。ゆで卵は半分に切る。
3 器にごはんを盛り、2、パクチー、たくあんをのせる。

これがあれば現地味！

八角

台湾料理や中国料理の風味づけに欠かせない、甘く独特な香りのスパイス。

五香粉（ウーシャンフェン）

5種類のスパイスをブレンドしたもので、八角も含まれる。両方揃わない場合はどちらかだけでもOK。

台湾の朝食には欠かせない、やさしい味のスープ。
酢を入れることでおぼろ豆腐のような食感に。

シェントウジャン
（桜えびとザーサイの豆乳スープ）

材料（2人分）

豆乳（無調整）… 2カップ
ザーサイ、桜えび … 各大さじ2
ナンプラー（またはしょうゆ）… 小さじ2
黒酢 … 大さじ1
油揚げ … 1/8枚
ラー油、万能ねぎ（小口切り）… 各適量

作り方

1 ザーサイ、桜えびは粗みじん切りにして器に等分に入れる。
2 油揚げは魚焼きグリルで両面をこんがりと焼き、1.5cm角に切る。
3 鍋に豆乳を入れ、弱火で沸騰する直前まで温め、ナンプラー、黒酢を加える。
4 3を1の器に注ぎ、2の油揚げ、万能ねぎをのせて、ラー油をかける。

Column

父の住む台湾で夏休みを過ごした、幼心に思い出の味

父が台湾南部の都市・高雄《たかお》で単身赴任をしていたので、子どもの頃から台湾は身近な土地だった。学校が長めの休みになるたび母と兄と飛行機に乗り、父の住むマンションで数週間のんびり過ごすのだ。台湾の人々は子どもにやさしくて、ご近所さんにもよく遊んでもらったなあ。

そんな台湾生活で楽しみにしていたのが朝ごはん。毎朝、起きると近所の商店に行き、「三明治《サンミンチー》」と書かれたメニューを指さして家族分のサンドイッチを買ったり、具だくさんのもち米おにぎり「飯糰《ファントァン》」を注文するのが私の毎朝の仕事だった。

中でも好きだったのが、アツアツの濃厚な豆乳スープ「豆《トウ》漿《ジャン》」。甘いのとしょっぱいのの2種から選び、スープにひたして食べる揚げパン「油條《ヨウティアオ》」も買う。両手に袋を抱えて、スープをこぼさないようそーっと帰るまでがおつかい。

小えびのだしが効いたふわふわのおぼろ豆腐のようなスープは毎日食べても飽きず、東京に戻っても「あれが食べたい」と母を困らせたとか。今はもう自己流で作れるけれど、それでもあの高雄での朝の買い物がなつかしい。

汁なし担々めん

中国

日本でも食べているつもりだったけれど、
現地ならではの迫力に驚いたのが中国。
大陸は、ひと味もふた味も違う！
いつかは全土を旅して食べ歩きたい。

China

韭菜鶏蛋鍋貼
（にらと炒り卵の焼き餃子）

まぜて食べる、汁なしの担々めん。
花椒のシビ辛がくせになる〜！

汁なし担々めん

材料（2人分）

中華めん…2玉
豚ひき肉…200g
にんにく（みじん切り）、
しょうが（みじん切り）…各1かけ分
花椒…小さじ1
ごま油…大さじ1
A 豆板醤《トウバンジャン》…小さじ2
└しょうゆ、紹興酒、甜麺醤《ティエンメンジャン》…各大さじ1
B 黒酢、練り白ごま、しょうゆ
…各大さじ1
└ごま油…小さじ1
卵黄…2個分
ピーナッツ（粗く刻む）、パクチー（ざく切り）、
ラー油…各適量

作り方

1 花椒はポリ袋に入れ、めん棒などでたたきつぶす。
2 フライパンにごま油と花椒を入れて中火で熱し、しょうが、にんにくを加えて炒める。香りが出たらひき肉を入れ、色が変わるまで炒め、Aを加えて全体がなじむまで炒める。
3 Bは1人分ずつ器に合わせる。中華めんを袋の表示通りゆでて、水気をきって器にそれぞれ入れ、Bとあえる。
4 2、卵黄、ピーナッツ、パクチーをのせ、ラー油をかける。よくまぜて食べる。

これがあれば現地味！

花椒（ホワジャオ）

あればホールタイプを。シビ辛好きは、増量して、好みの辛さに調節してOK。

にら玉餃子は中国東北地方の定番家庭料理。
やさしい味わいで、無限に食べられる！

韮菜鶏蛋鍋貼
（にらと炒り卵の焼き餃子）

材料（2人分）

卵…2個
A 塩…少々
└砂糖…小さじ1/2
ごま油…大さじ2
にら…1/4束
キャベツ…100g
塩…小さじ1/4
しょうが…1かけ
桜えび、片栗粉…各大さじ1
餃子の皮…16枚
黒酢、しょうゆ、ラー油
…各適量

作り方

1 卵は溶いてAをまぜる。フライパンにごま油大さじ1/2を中火で熱し、卵液を入れて炒り卵を作る。にらは小口切りにする。キャベツは粗みじん切りにして塩をまぜ、10分ほどおいて水気をしっかりとしぼる。しょうがはすりおろす。桜えびは粗みじん切りにする。

2 ボウルに1をすべて入れ、片栗粉を加えてまぜる。餃子の皮に等分にのせ、ふちに水をつけて折りたたみ、ひだを寄せながら包む。

3 冷たいフライパンにごま油大さじ1/2を引いて餃子を並べ、中火にかける。餃子の底が乾いてきたら水1/2カップを加えてふたをする。水分がなくなり、焼き色がついたらごま油大さじ1を鍋肌から回し入れる。カリッとしたら器に盛り、黒酢、しょうゆ、ラー油を添える。

Column

北京の友人宅へ。家族で絶品餃子を包みまくる！

初めて訪れた中国は北京だった。きっかけは、大学時代のバイト仲間。北京出身の中国人で、「実家の餃子は日本では絶対に食べられないほどおいしい」と語るのだ。ならば「食べたい！」と本当に行くことになった。

いざ実家に着くと、リビングでは家族が餃子包みの真っ最中。スーツケースを置くとすぐ「ハナコさんも包んで」とその輪に促され、せっせと一緒に包みまくった。皮は手作りの分厚めのもので、餡は2種。定番の豚肉餡と、もうひとつは……え、この黄色いのは炒り卵？

聞けば、炒り卵の餡はド定番。「刻んだえびもまぜて包むと最高」と言いつつ、この日はゆでて刻んだ青菜とミックスされていた。包み終わり、さっそくゆでていただくとムチムチの皮にあっさり卵青菜餡、自家製ラー油と黒酢がよく合っていくらでも食べられそう。うーん、確かにこれは初めての味だわ。

おそらく8人で200個以上を包んでゆで、さすがに食べきれずに余った水餃子は翌日、鉄鍋で焼き餃子に。これもカリカリもちもちで、このために余らせたいほどの美味だった。

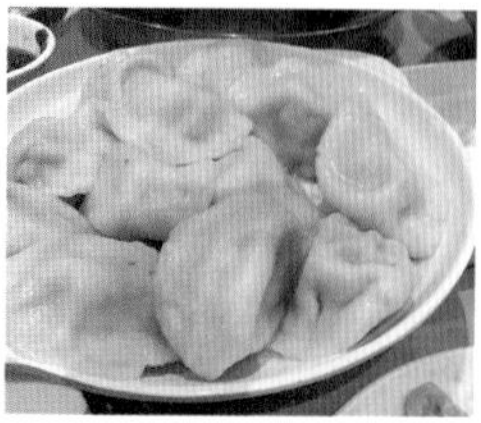

火にかけながら食べる中国の鍋料理。
日本でも専門店ができるほどブームに。卵にからめて食べるのが私の好み。

火鍋

材料（４人分）

ラム薄切り肉（ジンギスカン用）、
豚バラ薄切り肉 …各200g
まいたけ …１パック
えのきだけ …1/2袋
にら …1/2束
もやし、れんこん、白菜 …各適量
きくらげ（乾燥）…5g
花椒 …小さじ１
赤唐辛子 …２本
豆板醬 …大さじ２
豆豉 …小さじ１
にんにく（みじん切り）、
しょうが（みじん切り）…各１かけ分
サラダ油 …大さじ２
A しょうゆ …大さじ３
紹興酒 …大さじ２
鶏ガラスープの素、塩 …各小さじ１
ナツメ …４個
クコの実 …大さじ1
B オイスターソース、黒酢、練り白ごま …各大さじ１
卵黄 …１個分
パクチー（ざく切り）…適宜

作り方

1 まいたけ、根元を落としたえのきは食べやすくほぐす。にらは4cm長さに切る。れんこんは薄いいちょう切りにする。白菜は食べやすく切る。きくらげは水で戻す。花椒はポリ袋に入れてめん棒などでたたきつぶす。赤唐辛子は種をとる。豆豉は粗く刻む。

2 スープを作る。鍋にサラダ油と花椒を入れて中火にかけ、赤唐辛子を加えて炒める。豆板醬を加えて１分ほど炒め、豆豉、にんにく、しょうがを加えてさらに炒める。水1LとAを加え、５分ほど煮る。

3 器に盛った具材を、適宜火にかけたスープに入れて煮る。好みで、まぜたBのたれ、パクチーとともに食べる。

これが あれば 現地味！

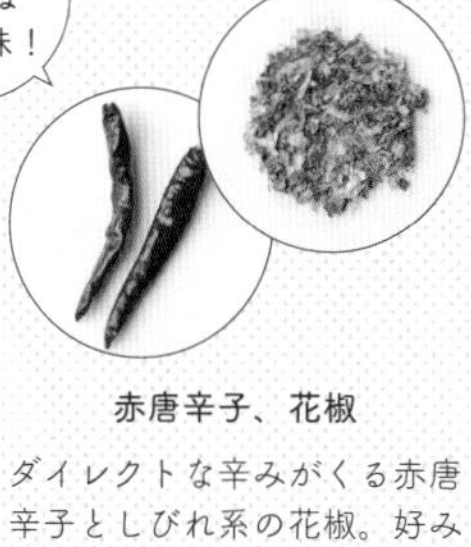

赤唐辛子、花椒

ダイレクトな辛みがくる赤唐辛子としびれ系の花椒。好みで２種の辛みの量を調節して。

クコの実、ナツメ

辛みを引き立てる甘み。ナツメはやわらかくなったら食べてもおいしい。

香港

豪《ごう》華《か》絢《けん》爛《らん》な広東料理で
知られる香港。
とはいえ、日常の食も
見逃せない。
歩きまわってたどり着いた
ストリートでの美味こそ
ぜいたくな一品かも。

Hong Kong

油菜
（ゆでレタスのオイスターソースかけ）

北菇牛肉煲仔飯
（牛肉としいたけの土鍋炊きごはん）

香港の料理店では定番のサイドメニュー。
油を入れたお湯でゆでるのがおいしさの秘訣！

油菜
（ゆでレタスのオイスターソースかけ）

材料（2人分）

レタス…1/4個
サラダ油…小さじ1
オイスターソース、黒酢…各大さじ1

作り方

1 レタスは大きめにちぎる。
2 鍋に湯を沸かしてサラダ油を入れ、レタスを入れて5秒ほどゆで、湯を切る。
3 器に盛り、オイスターソース、黒酢を回しかける。

Column

腹ペコでさまよい出逢った、アツアツ土鍋ごはんの話

香港ほど、人数と予算によって食べられるものが違う国もないかもしれない。基本的に大勢で食べる円卓文化なので一皿の量が多い。そして当然、お金を出せば出すほど香港ならではの高級食材を食べられる。それを知らずに行った初めての香港極貧旅は、なかなかに厳しかった。

まずひとりで入れそうな店が見つからない。寒風吹きすさぶ街をうろついたあげく、目に入ったのがとある飲食店の行列だった。店頭には簡易コンロが並び、なにやら小さな土鍋がかかっている。「冬の風物詩の煲仔飯《ボウジャイファン》だよ」と教えてもらい、列に並んで見様見真似で注文。土鍋のふたをあけると、思わず声が出た。

米の上に腸詰や青菜をのせて炊いた、肉汁と脂がしみ込んだ甘辛だれのおこげごはん。これは、たまらんな……！　鶏肉や牛肉の具も食べてみたくて3日間通い、あげくには専用の片手土鍋も買って帰った。

ふかひれもツバメの巣も食べられなかったけれど、私の初香港には土鍋飯との出会いがあった。それだけで、香港を大好きになるきっかけには十分だったのかもしれない。

店先で土鍋ごはんを炊く光景は香港の冬の風物詩。
ふたをとると立ち上る香ばしい香りもごちそう。

北菇牛肉煲仔飯
（牛肉としいたけの土鍋炊きごはん）

材料（２人分）

牛切り落とし肉…100g

A にんにく（すりおろし）… １かけ分
　卵白… １個分
　しょうゆ、紹興酒…各大さじ１
　オイスターソース、ごま油、片栗粉…各小さじ１
　砂糖…小さじ1/4

しいたけ… ２枚

B しょうゆ…大さじ１
　オイスターソース…大さじ1/2
　砂糖…小さじ1/4

タイ米… １合

卵黄… １個分

万能ねぎ（小口切り）…適宜

作り方

1. 牛肉にAをもみ込む。しいたけは薄切りにする。
2. 小さめの土鍋にさっと洗ったタイ米と水180mℓを入れてふたをし、中火にかける。煮立ったら弱火にして３分ほど炊き、１をのせて中央にくぼみを作る。さらに４分ほど炊いて火を止め、５分ほど蒸らす。
3. くぼみに卵黄をのせ、まぜ合わせたBのたれを回しかけて万能ねぎを散らす。よくまぜて食べる。

タイ米（ジャスミンライス）
日本米よりも細長く、炊くと独特の甘い香りがするのが特徴。最近はスーパーのお米売り場やエスニック食材コーナーでも売っていることが多い。

ワゴンサービスがうれしい飲茶《ヤムチャ》も
香港の楽しみのひとつ。

1

現地ごはん、いただきます！
韓国で知った「まぜる」から生まれるおいしさ

韓国でごはんを食べていると、身体《からだ》がどんどん元気になっていく。野菜や乾物、豆類をたっぷりととり、肉や魚、穀物もバランス良く。現地人と食材について話せば、「これは身体にいいのよ」「肌がきれいになるよ」と誰もが口にする。「薬食同源」が深く根付いている国なのだなあと何度行っても感心してしまうのだ。

20年ほど前、韓国人の友人にソウルを案内してもらった。「日本で有名な韓国料理」の話になり、「ビビンパかなあ」と言うと、「韓国人はポリパッの方がよく食べるかも」と言う。ポリパッ……？「ビビンパと似ているけれど、ちょっと違う」と彼女が車で連れて行ってくれたのが、ポリパッ専門店。と言っても、見た目は限りなく普

ポリパッは市場でも大人気。好みの具材を頼んで麦ごはんとまぜながらもりもり食べる。

市場へ行けば、オモニが作る惣菜がずらり！　この山盛りのチャプチェがどんどん売れていく。

通の民家で店のオモニ（お母さん）が注文も聞かず料理を運んでくる。

色とりどりのナムル、煮豆、いんげん炒め、いりこの炒り煮、卵焼き、キムチ、韓国のり、コチュジャン、サンチュ……、特にナムルは青菜や赤ピーマン、かぼちゃ、ぜんまい、豆もやしなど8種ほど。キムチも3種はあった。それとは別に、大きな器に入ったたっぷりの麦ごはんにアツアツのみそ汁。気づけばテーブルはいっぱいに。

「これを好きなようにとって食べるの」と、手際よく自分の器に麦ごはんを盛り、おかずを数種盛ってごま油をひとたらし。よくまぜて、そのまま食べるも良し、サンチュに包んで食べるも良し。真似して食べると、なんとも複雑な味わい！　肉や魚はほとんど入らないのもあり、軽やかな味わいなのだ。

「中心地の市場にもお店はあるけど、ここは料理上手のオモニが自宅を改装した店だから落ち着くんだよね」と友人。食べ終わり、のんびり座敷で寝ころびながらおしゃべりした風景は今でも忘れられない。

そういえば、あの店はもうなくなってしまったらしい。けれど今も、私が韓国料理ホムパをするときは、ついつい「ポリパッしない？」と誘ってしまうのだ。

蟹を漬け込んだケジャンも必ず食べたい一品。とろける身と濃厚なみそがもうたまらない。

日本では食べられなくなったユッケも、韓国では専門の通りがあるほど。生肉好きには天国！

キムチがなければ始まらない！白菜だけでなく、日本では珍しい食材を使った漬物に目移り。

South Korea

韓国

気軽に出かけたくなるお隣の国。
オモニ（お母さん）が作る
野菜も肉もたっぷり入った
家庭料理を食べていると、
身体の底からパワーが湧いてくる。

「ビビン」はまぜる、「パ」はごはんという意味。
食べるときは具材とごはんをよ～くまぜて。

ビビンパ
（韓国風まぜごはん）

材料（2人分／ナムルはすべて作りやすい分量）

温かいごはん … 茶碗2杯分

【にんじんのナムル】

にんじん（せん切り）… 1/4本分
塩 … 少々
にんにく（すりおろし）… 少々
ごま油 … 大さじ1/2

【もやしのナムル】

豆もやし … 1/2袋
A 塩 … 少々
すり白ごま、ごま油 … 各小さじ1
粉唐辛子 … 少々

【ほうれんそうのナムル】

ほうれんそう … 3株
B しょうゆ、ごま油 … 各小さじ1
にんにく（すりおろし）… 少々

【れんこんのナムル】

れんこん（薄いいちょう切り）… 40g
炒り白ごま … 小さじ1/2
塩 … 少々
ごま油 … 小さじ1

牛切り落とし肉 … 120g
C コチュジャン、酒、片栗粉 … 各小さじ1
ごま油 … 小さじ1
炒り白ごま … 小さじ2
温泉卵 … 2個
キムチ … 60g

作り方

1 フライパンににんじん用のごま油を熱し、にんじんを炒めて塩をふり、にんにくを加える。
2 豆もやしは鍋に入れ、もやしの高さ1/3まで水を入れてふたをし、火にかける。沸騰して1分ほど蒸しゆでにしたら水気をきり、Aを加えてあえる。
3 ほうれんそうはゆでて冷水にさらして水気をしぼる。3cm長さに切り、Bを加えてあえる。
4 フライパンにれんこん用のごま油を熱し、れんこんを炒めて塩、ごまをふる。
5 牛肉はCをもみ込む。フライパンにごま油を中火で熱し、牛肉を色が変わるまで炒める。
6 器にごはん、1～5を盛り、真ん中に温泉卵、キムチをのせてごまをふる。よくまぜて食べる。

まぜるのがビビンパ
スッカラ（スプーン）でふわっとまぜてつぶさないのがコツ。

これがあれば現地味！

粉唐辛子

見た目ほど辛くないですが、お子様や苦手な人はなしでもOK。

韓国でビールのつまみといえば、フライドチキン。
コチュジャン風味の甘辛だれがやみつきに。

ヤンニョムチキン
（揚げ鶏の甘辛あえ）

材料（2人分）

鶏もも肉…2枚（約500g）
酒…大さじ2
塩…少々
A にんにく（すりおろし）…1かけ分
　コチュジャン…大さじ4
　しょうゆ、砂糖、酢、粉唐辛子…各大さじ2
　炒り白ごま…大さじ2
小麦粉、片栗粉、揚げ油…各適宜

作り方

1 鶏肉はひと口大に切り、酒、塩をまぶす。
2 大きめのボウルにAをまぜ合わせておく。
3 ポリ袋に小麦粉を入れて鶏肉を加え、全体にまぶす。さらに片栗粉を加えて上からまぶす。
4 油を180℃に熱し、鶏肉を入れて4分ほど揚げ、2に入れてたれをからめる。器に盛り、ごまをふる。

中華料理のジャージャーめんの韓国版。
甘めのソースをめんにからめていただきます！

チャジャンミョン
（韓国風肉みそあえめん）

材料（2人分）

うどん（細・冷凍）… 2玉
合いびき肉 … 120g
玉ねぎ … 1/2個
にんにく（すりおろし）、
しょうが（すりおろし）… 各1かけ分
A 練り黒ごま … 大さじ2
　しょうゆ、赤みそ、豆豉（刻む）
　　… 各大さじ1
ごま油 … 大さじ1
糸唐辛子、きゅうり（せん切り）、
　ねぎ（白髪ねぎ）… 各適量

作り方

1 玉ねぎはみじん切りにする。
2 フライパンにごま油を中火で熱し、玉ねぎを炒める。ひき肉を加えて色が変わるまで炒め、にんにく、しょうがを加えて1分ほど炒める。まぜたA、水1/2カップを加え、とろりとするまで煮詰める。
3 うどんを袋の表示通りにゆで、器に盛って2をかけ、きゅうり、ねぎ、糸唐辛子を添える。よくまぜて食べる。

バインミー

ベトナム

フランス統治時代の影響で、
東南アジアの中でも
ヨーロッパの食文化がまじった
ベトナムの料理。
その独特な味わいを知りたくて
またホーチミンへ向かうのだ。

Vietnam

牛肉のフォー

フランスパンを使った、ベトナムのサンドイッチ。
好みの具材でアレンジしても。

バインミー

材料（2人分）

バゲット …16cm
ハム … 2枚
レバーペースト（市販）、クリームチーズ … 各40g
にんじん …1/2本
塩 … 少々
A 酢、水 … 各大さじ2
　砂糖 … 大さじ1
　ナンプラー … 小さじ2
紫玉ねぎ …1/8個
パクチー（ざく切り）、ナンプラー … 各適量

作り方

1 クリームチーズは室温に戻す。にんじんはせん切りにして塩をふり、5分ほどおいて水で洗ってから水気をしぼる。ボウルにAを合わせ、にんじんを入れてまぜ、10分以上おく。ハムは半分に切り、紫玉ねぎは薄切りにする。

2 バゲットは長さを2等分して、厚さ半分に切り目を入れてオーブントースターでトーストする。クリームチーズ、レバーペーストを塗り、ハム、汁気をきったにんじん、紫玉ねぎ、パクチーをはさみ、ナンプラーをふる。

Column

元フランス領だったベトナムならではの激うまサンドイッチ

バイクのクラクションが鳴り響くホーチミンの道路をすり抜けるように散歩し、小腹がすいたら買い食いするのがベトナムのサンドイッチ「バインミー」だった。

元フランス領だったベトナムは、パンがべらぼうにおいしい。ずんぐりむっくりした短めのフランスパンで、皮はパリパリで中はスカスカ。このパンを使ったサンドイッチの店は、専門店舗だけでなく屋台でもよく見かけた。

注文すると、屋台の下にある炭火入りのウォーマーからほの温かいパンをとり出し、小さなナイフでザクザクと切り目を入れる。ガラスのショーケースから「笑う牛」ブランドのクリームチーズを出して塗り、大根とにんじんのなます、パクチー、ベトナムハムなどをはさむのが定番。中には、その場で焼いてくれる目玉焼きやレモングラスの効いた焼き牛肉入りもあった。

どんな具をはさんでも、必ず最後にニョクマム（ベトナム魚醤）を数滴。ひと口かじれば、それだけで一気にエスニックな味わいになる魔法のようなひとふりとなる。その瞬間のたび「ベトナムに来たなあ」としみじみ思うのだ。

フォーとは、ベトナムのライスヌードルのこと。
牛や鶏のだしで作る汁めんにして
食べるのが現地の主流。

牛肉のフォー

材料（2人分）

牛もも薄切り肉（しゃぶしゃぶ用）… 200g
A しょうが（薄切り）… 2枚
　ナンプラー … 大さじ2
　鶏ガラスープの素 … 小さじ1
　塩 … 小さじ1/2
　こしょう … 少々
　赤唐辛子（輪切り）… 2本分
　水 … 3カップ
フォー（乾燥）… 200g
レモン（くし形切り）、紫玉ねぎ（薄切り）、
バジル、ディル … 各適量

作り方

1 フォーをぬるま湯に10分ほどつける。鍋にAを入れて火にかけ、煮立ったら弱火にする。
2 鍋のスープに牛肉をさっとくぐらせ、とり出す。別の鍋に湯を沸かし、フォーを袋の表示通りゆでて水気をきり、器に盛る。
3 2のスープを注ぎ、牛肉、紫玉ねぎ、レモン、バジル、ディルをのせる。

フォー（米めん）
ベトナムやタイでは米で作られためんが主食のひとつ。汁めんのほか、焼きそばのように炒める料理も。現地ではめんの太さも多様。

好みで途中でレモンをしぼるとまたおいしい。ハーブはパクチーなどでも。

ラープ・ムー
（ゆで豚ひき肉のサラダ）

ラオス

Laos

森と川の恵みを受けるラオス。
メコン川を眺められる食堂で
滋味深い素朴なおかずと
主食のもち米をよく食べた。
あのゆるく吹き抜ける風と、
ラオスの人々のやさしい笑顔を
今でもすぐに思い出せる。

ハーブたっぷり。酸っぱスパイシーなサラダ。
「ラープ」＝幸運で、ラオスではお祝いのメニュー。

ラープ・ムー
（ゆで豚ひき肉のサラダ）

材料（2人分）

豚ひき肉…150g
紫玉ねぎ（薄切り）…1/8個分
パクチー（1cm長さに切る）… 1株分
万能ねぎ（1cm長さに切る）… 3本分
A ナンプラー… 大さじ1
　砂糖… 大さじ1/2
　レモン汁…1/2個分
　赤唐辛子（輪切り）…1本分
　にんにく（すりおろし）…1/2かけ分
キャベツ…1/12個
炊いたもち米（またはごはん）… 適宜

作り方

1 フライパンにひき肉と水大さじ2を入れ、弱火でまぜながら色が変わるまで炒め、粗熱をとる。

2 ボウルに1、紫玉ねぎ、パクチー、万能ねぎ、まぜ合わせたAを入れてあえる。器に盛り、キャベツ、炊いたもち米を添える。

Column

メコン川で出会ったラオス人たちと踊って、食事をした日

東南アジアの中でも特にのんびりしている国、ラオス。初めて行ったのは大学の夏休み中で、古都ルアンパバーンでの時間の流れに「もう大学に戻りたくない……」と宿のハンモックに揺られながら真剣に悩んだものだった。

そんなある日、メコン川のほとりをひとり散歩していたときのこと。ズンドコズンドコと軽快な音楽が流れてくるので近づいてみると、十数人のラオス人が屋外エアロビダンス中！　なんともシュールな光景を眺めていたら、「一緒に踊ろう～」と誘われてしまった。驚きつつも参加し、いい汗をかいたところで「お腹すいたからランチを一緒に食べよう」と、近くの食堂へ行くことになったのだ。

そこで出てきたのが「ラープ・ムー」。タイ北部やラオスでよく食べられるハーブたっぷりのピリ辛ひき肉サラダで、甘酸っぱいドレッシングが疲れた身体にしみ渡る。蒸しもち米とともに一気に食べ、足りなかったのでラオス名物のスパイシーなめん「カオソーイ」もぺろり。

蒸し暑い地での運動と満腹ごはん、その後ハンモックで爆睡したのは言うまでもない。

ラオスやタイでは青パパイヤで作りますが、大根で代用。
辛すぎるのが苦手な人は唐辛子を調節して。

タム・マック・フーン
（タイの「ソムタム」。青パパイヤのサラダを大根で）

材料（2人分）

大根…4cm
ミニトマト…4個
ミント…5g
干しえび…大さじ1
A 赤唐辛子（輪切り）…2本分
　ライムの汁…1個分
　にんにく（すりおろし）…1/2かけ分
　ナンプラー…大さじ2
　水…大さじ1
　砂糖…小さじ1/2
ピーナッツ（粗く刻む）…10粒

作り方

1 ボウルにAをまぜ、刻んだ干しえびを加えて10分ほどおく。大根はせん切りにして塩少々（分量外）をふり、10分ほどおき、水気をしぼる。ミニトマトは5mm幅に切る。

2 1のボウルに大根、ミニトマト、ちぎったミントを加えてまぜる。器に盛り、ピーナッツを散らす。

Point

ミント
甘酸っぱいドレッシングに、ミントがぴったり。パクチーでも風味が加わっておいしい。

Cambodia

カンボジア

魚を発酵させた強烈な調味料、
プラホックを初めて食べたのは
プノンペンの飲食店だった。
日本ではナンプラーで作るけれど、
あの強烈な香りと味を
また現地で堪能してみたい。

ライム風味のドレッシングが爽やか！
お肉たっぷりで、ビールとの相性も抜群です。

プリアサイッコー
（牛しゃぶのハーブサラダ）

材料（２人分）

牛切り落とし肉 … 200g
いんげん … 10本
紫玉ねぎ（薄切り）… 1/2個分
ミニトマト（四つ割り）… 10個分
ミント（葉をつむ）… 3g
ピーナッツ（粗く刻む）… 20粒分
A ナンプラー … 大さじ２
　ライムのしぼり汁 … １個分
　砂糖 … 小さじ１
　赤唐辛子（輪切り）… １本分
リーフレタス … 適宜

作り方

1 鍋に湯を沸かし、牛肉をさっとゆでて湯をきり、粗熱をとる。いんげんは塩ゆでにして3cm長さに切る。
2 ボウルにAを合わせ、牛肉を入れてあえ、いんげん、紫玉ねぎ、ミニトマト、ミント、ピーナッツを加えて全体をまぜる。器にリーフレタスを敷いてサラダを盛る。

Column

ビール×レアーな牛しゃぶサラダが定番の平和な食堂

大学の夏休みで東南アジアに１カ月以上滞在したときのこと。タイの安宿で「カンボジアの料理はタイより素朴でうまい」と聞き、「じゃあ行ってみようかな」と行き先を決めた。

バンコクからカンボジアの街シェムリアップへはガタガタ揺れるバスで移動。腹ペコで国境を越え、目についたローカルな食堂へ入る。とりあえず冷たいビールを頼み、渡されたメニューを見つめてみるもカンボジア語がまったくわからない。悩む私に、英語を話せるお客さんが「ビールを飲むならコレを頼みなさい」と教えてくれた料理が「プリアサイッコー」だった。

要するに牛肉のマリネサラダだけれど、ポイントは半生肉を使うこと。この炎天下で半生肉……と不安になりつつ、出てきた肉は新鮮そうなピンク色。「えいやっ」と食べると、ハーブとライムのドレッシングと牛肉がベストマッチ！　ビールを片手に、あっという間に食べ終えた。

先ほどのお客さんが「これにはビールと決まっているんだ」と言うのも納得の組み合わせ。気づけば周りのテーブルも同じ料理を食べてビールを飲んでいた、平和な食堂なのだった。

2

現地ごはん、いただきます！
タイで屋台めし天国を満喫！
東南アジアの玄関口

学生時代にバックパッカーだった人なら、誰もが一度は訪れることになるのがタイだろう。「東南アジアの玄関口」と呼ばれるその国は、物価が安くて、人がやさしくて、一年中暑くて、ごはんがめちゃくちゃおいしい。

貧乏大学生だった私もそのひとりで、隙あらば足しげくタイに通った。夏休みなど長い休みは、周りの国も訪れるつもり満々で2カ月近く滞在。3日でも授業を休めそうなら一番安いチケットを買い、ボロボロのバックパックを背負ってバンコクへ。当時、格安宿が集まっていたカオサン通りには顔見知りも増え、まあいわゆるマットーな学生パッカーだったと思う。

このためにタイへ行くと言っても過言ではない屋台めし天国。同じメニューを食べ比べハシゴ。

カオマンガイ専門店では、鶏肉のしっとり加減に感激！　注文してすぐ出てくるのもうれしい。

何よりの楽しみは、数百円で食べ歩きできる屋台めし。カオマンガイ（ゆで鶏のせごはん）、ソムタム（青パパイヤのサラダ）、ガイヤーン（鶏の炭火焼き）、ジョーク（お粥《かゆ》）……、辛いものが苦手な私が最初に覚えたタイ語は「マーイペッ（辛くしないで）」だったな。

そして時が経ち、30代になって通ったのが空港から車で約3時間のリゾート地ホアヒン。「タイの熱海」とも呼びたいひなびた海辺の町で、王様の別荘地だったと聞いた。ここではもう少し良いホテルに泊まり、シーフードを食べ歩く。プラムソースをつける白身魚のフリットや、大きなえびがたっぷり入ったクンオップウンセン。ひとりで気軽に、友人とワイワイ、恋人とのんびり……、ゴツゴツの岩だらけで泳げないけれど、テラスで海を見ながらビール片手に食べるごはんはひたすら最高だった。

最後にタイに行ったのは数年前。カオサンはすっかり客層が変わり、ホアヒンも欧米人が闊歩する高層ビルの街となっていた。寂しいといえば、もちろんそりゃ寂しい。でも、あの頃のタイの楽しい記憶があれば、その変化でさえ受け入れることができるような気もするのだ。また新たに、おいしいものが増えているかもしれないしさ！

レストランでお酒を飲みながら海鮮のおつまみを味わうのも夜の楽しみ。ビールは大瓶一択！

中華系タイ料理も見逃せない。甘辛味の炒め物をごはんにぶっかけて、ワシワシ食べよう。

鶏肉のうまみをたっぷり吸ったタイ米のおいしいこと……！　ゆで汁のスープまでが1セット。

Thailand

チキン、なす、たけのこの
グリーンカレー

タイ

グリーンカレー、ガパオ……。
タイの街角で食べる料理は、
いつもどこかなつかしい。
それは学生時代に
ドキドキしながら食べた、
覚えたての海外の味が
よみがえるからかもしれない。

クンオップウンセン
（えびと春雨の蒸し煮）

ガパオライス

タイカレーの中でも代表的なグリーンカレー。
肉、魚介、野菜は好みのものを使っても。

チキン、なす、たけのこのグリーンカレー

材料（３～４人分）

鶏もも肉…１枚
なす…２本
たけのこ（水煮）…100g
パプリカ（赤）…1/2個
グリーンカレーペースト（市販）…大さじ2
ココナッツミルク…１カップ
サラダ油…大さじ1
温かいごはん（タイ米が◎）…適量

これが
あれば
現地味！

グリーンカレーペースト

香辛料がベストな比率で配合された市販ペーストなら手軽。スーパーで買えます。

作り方

1 鶏肉はひと口大に切る。なすは皮をむき、縦に四つ割りにして水にさらす。たけのこは半分の長さに切り、5mm厚さに切る。パプリカは2cm角に切る。
2 フライパンにサラダ油を中火で熱し、鶏肉を皮目から焼く。両面とも表面が焼けたらバットにとり出す。
3 同じフライパンにグリーンカレーペーストを入れ、鶏肉から出た脂とまぜながら弱火で2～3分炒める。水1カップを少しずつ加えて溶かし、鶏肉を戻し入れ、なす、たけのこを加えてふたをして10分ほど煮る。パプリカ、ココナッツミルクを加えてさらに10分ほど煮て器に盛り、ごはんを添える。

材料（２人分）

緑豆春雨（乾燥）…80g
えび（殻付き）…８尾
豚バラ薄切り肉…50g
しょうが（薄切り）…４枚
A にんにく（みじん切り）…１かけ分
オイスターソース、ナンプラー
…各大さじ2
紹興酒…大さじ1
砂糖…小さじ1/2
粗びき黒こしょう…少々
片栗粉…小さじ1
パクチー（粗みじん切り）…適量

作り方

1 春雨はぬるま湯に10分ほどつけて戻し、水気をきって３等分の長さに切り、ボウルに入れてAをまぶす。えびは背わたをとり、尾を残して殻をむく。片栗粉をまぶして水で洗う。豚肉は3cm長さに切る。
2 冷たいフライパンに豚バラ肉を敷き詰め、えび、しょうが、春雨の順に広げて重ねる。水1カップを加え、ふたをして中火にかけ10分ほど汁気がなくなるまで煮る。器に盛り、パクチーを散らす。

ガパオとは、タイ語でバジルのこと。肉を甘辛くバジルと炒めます。鶏ひき肉が使われることも。

ガパオライス

材料（2人分）

温かいごはん（タイ米が◎）
　…茶碗2杯分
鶏むね肉…1枚
バジルの葉…12枚
玉ねぎ…1/6個
赤ピーマン…1/2個
A ナンプラー、オイスターソース
　　…各大さじ1
　砂糖…小さじ1
　赤唐辛子（輪切り）…2本分
サラダ油…大さじ1
揚げ焼きにした目玉焼き…2個

作り方

1 鶏肉は皮をとり、1cm角に切る。玉ねぎ、赤ピーマンは7mm幅の薄切りにする。Aはまぜておく。
2 フライパンにサラダ油を中火で熱し、鶏肉、玉ねぎを入れて肉の色が変わるまで炒める。赤ピーマン、バジルを入れて1分ほど炒め、Aを加えて炒める。
3 器にごはんと2、目玉焼きを盛り、あればバジルを飾る。

これがあれば現地味！

バジル
タイのバジルは「ホーリーバジル」という香りの強いもの。日本では入手しにくいのでスイートバジルをたっぷりと使って。

タイの春雨の蒸し煮料理。
えびや豚のうまみを吸った春雨がやみつきに！

クンオップウンセン
（えびと春雨の蒸し煮）

シンガポール

ラクサ
（ココナッツ風味のカレースープめん）

Singapore

キラキラとまばゆいビルが並ぶ、
近代都市シンガポール。
中国、インド、マレーシア……
多民族国家ならではの食文化が
入りまじった、
ここにしかない料理を
片っ端から味わいたい。

海南鶏飯
（シンガポール風チキンライス）

シンガポールやマレーシアで親しまれる、めん料理。
ココナッツミルクで作る辛くないレシピ。

ラクサ
（ココナッツ風味のカレースープめん）

材料（2人分）

中華めん…2玉
鶏もも肉…1/2枚
厚揚げ…1/4枚
玉ねぎ…1/2個
干しえび…大さじ1
にんにく（すりおろし）、
　しょうが（すりおろし）…各1かけ分
A ナンプラー…大さじ2
　鶏ガラスープの素、砂糖…各大さじ1/2
　カレー粉…小さじ1
　水…3カップ
ココナッツミルク…1/2カップ
サラダ油…大さじ1
ゆで卵（半分に切る）…1個分
ミント、ライム（くし形切り）…各適量

作り方

1 鶏肉は皮をとり、ひと口大に切る。厚揚げは1cm幅に切る。玉ねぎはみじん切りにする。干しえびは水1/4カップに10分ほどつけて刻む（戻し汁はとっておく）。
2 鍋にサラダ油を中火で熱し、玉ねぎを炒める。透明になったら干しえび、にんにく、しょうがを入れて炒め、A、干しえびの戻し汁を加える。5分ほど煮て、鶏肉、厚揚げを加え、さらに5分ほど煮たらココナッツミルクを加える。
3 めんを袋の表示通りにゆで、水気をきって器に入れる。2の汁を注ぎ、鶏肉、厚揚げ、ゆで卵、ミント、ライムをのせる。

Column

うまみに感動！ 現地のラクサはめんがぶつ切れ!?

15世紀頃からマレー半島に移住した中国系移民の子孫が生み出したプラナカン文化。カラフルなデザインの建築や食器を見てみたくて、シンガポールでのプラナカンの中心地ともいえるカトン地区へと向かった。

すると、このエリアの名物に「カトンラクサ」なる料理があるという。ひと口にラクサといっても「スパイシーな魚介スープめん」という定義以外は地域によってさまざま。カトンのものはココナッツミルク入りで、「日本人のイメージするラクサだね」と現地赴任中の友人。

満員御礼の店のテラスでフレッシュライムジュースを飲みながら待っていると、やってきたのはオレンジ色のえびオイルを浮かせた白濁スープめん。ひと口食べてみれば、深いえびのだしに濃厚なココナッツミルクが加わった初めての味わい。おお、これはすごいなあ……。

スプーンしかないので不思議に思っていると、「めんが短く切られているから、すくって食べるんだよ」とのこと。日本で再現するときはめんが長いままにしているけれど、あれも食べやすくてよかったなと思い出したりもする。

鶏のだしがしみたごはんはうまみたっぷり！
ジューシーなチキンには２種のたれをつけて。

海南鶏飯
（シンガポール風チキンライス）

材料（４～５人分）
鶏もも肉… ２枚（約500g）
ねぎの青い部分… １本分
しょうが（薄切り）… ４枚
タイ米… ２合
A しょうゆ… 大さじ１
　オイスターソース、水… 各大さじ1/2
　にんにく（すりおろし）… 少々
B ナンプラー、酢… 各大さじ１
　砂糖、ごま油… 各小さじ1/2
　しょうが（すりおろし）… １かけ分
トマト（薄切り）、きゅうり（薄切り）、
　パクチー（ざく切り）… 各適宜

作り方
1 炊飯器にさっと洗ったタイ米を入れ、２合の目盛りまで水を加える。鶏肉、ねぎの青い部分、しょうがをのせて早炊きモードで炊く。
2 A、Bをそれぞれ器に合わせ、２種のたれを作る。
3 炊き上がったら鶏肉、ねぎ、しょうがをとり出し、鶏肉を食べやすく切る。ぬらした茶碗にごはんを詰め、皿に返して盛り、鶏肉、トマト、きゅうり、パクチー、２種のたれを添える。

炊飯器におまかせ
材料を炊飯器に入れたら、あとはほったらかしでOK。炊いている間に野菜とたれを用意して。

カラフルな外壁が立ち並ぶエリアで本場のラクサを。

Indonesia

インドネシア

ガドガド
（ピーナッツソースのサラダ）

バリ島のリゾートホテルでは、
とことんのんびりすると
一応、決めて出かけている。
でも3日もすると、
街に出かけたくなりそわそわ。
結局は食堂や屋台で、
ローカルな料理をかっこむのだ。

ミーゴレン
（インドネシア風えび焼きそば）

具だくさんのサラダにこくうまソースをたらり。
「ガドガド」は現地語でごちゃまぜという意味。

ガドガド
（ピーナッツソースのサラダ）

材料（２人分）

鶏むね肉…1/2枚（約120g）
A 酒…大さじ１
　砂糖…小さじ１
　塩…小さじ1/2
厚揚げ…1/2枚
もやし…1/3袋
トマト…1/2個
パクチー…１枝
ゆで卵…１個
B プレーンヨーグルト…大さじ２
　ピーナッツバター（無糖）、
　　ウスターソース…各大さじ１
　塩…少々

作り方

1 鶏肉は皮をとり、耐熱容器に入れてAをふって全体にもみ込む。ラップをふんわりとかけ、電子レンジで２～３分加熱する。ラップをしたまま粗熱をとり、手で粗くさく。
2 厚揚げは魚焼きグリルで表面に焼き目がつくまで焼き、縦半分に切って1cm厚さに切る。もやしは洗って耐熱容器に入れ、ラップをせずに電子レンジで２分ほど加熱して粗熱をとる。トマトはひと口大に切る。パクチーは3cm長さに切り、ゆで卵は半分に切る。器にBを合わせてソースを作る。
3 器にすべての具材を並べ、ソースを添える。

Point

ソースをふんだんにかけて
ピーナッツソースをかけると食欲倍増！　あっさりとしたむね肉や野菜もたっぷり食べられます。

甘辛の焼きそばは、日本人にも親しみやすい味。
入手しやすい調味料で現地の味を再現しました。

ミーゴレン
（インドネシア風えび焼きそば）

材料（1人分）

えび（殻付き）… 6尾
酒 … 大さじ1
小松菜 … 1/4束
サラダ油 … 大さじ1
もやし … 1/4袋
中華蒸しめん（焼きそば用）… 1玉
A トマトケチャップ … 大さじ2
　酒 … 大さじ1/2
　オイスターソース … 小さじ2
　豆板醤 … 小さじ1
レモン（くし形切り）… 1切れ
目玉焼き … 1個
えびせん … 適宜

作り方

1 えびは背わたをとり、尾を残して殻をむき、酒をまぶす。小松菜は4cm長さに切る。中華めんは袋の口をあけて電子レンジで1分ほど加熱し、ほぐす。
2 フライパンにサラダ油を中火で熱し、えびを入れて両面を焼き、もやし、小松菜、中華めんの順に入れて炒める。
3 まぜ合わせたAを加え、全体にからめて器に盛る。レモン、目玉焼き、えびせんを添える。

Column

バリ島で、1カ月のーんびり飲み暮らした“人生の夏休み”

バリ島に住む友人宅へ、1カ月ほど遊びに行ったことがある。一家が暮らす広いアパートメントの一室を借りて、毎日海へ行ったり、昼寝をしたり。思い返すと、私の人生の夏休みはあのときだったのでは……。

ぶらぶら街を散歩するときの楽しみは、カキリマと呼ばれる移動屋台で買い食いすること。インドネシア風の串焼き「サテー」や、「ガドガド」というサラダにハマったけれど、その理由はズバリ、ピーナッツ。焼きとりのたれにもサラダのドレッシングにもすりつぶしたピーナッツがたっぷり使われ、ナッツ好きにはたまらないのだ。

小瓶ビールを片手に各店の味をめぐり、最終的には友人がおすすめのサテー専門店に連れて行ってくれた。そして、住民ならではの「下味付きの生肉を持ち帰る」ことに成功。家でガドガドを大皿に盛り付け、炭火でサテーを焼きまくった宴会は最高だった。

私にとって、バリ島とはピーナッツの島。今でも瓶入りのピーナッツバターを買うたびに、あの蒸し暑い亜熱帯の空気がよみがえる。

ビリヤニ
（インド風炊き込みごはん）

India

ポークビンダルー
（酸味のあるインドカレー）

インド

何度行っても奥深すぎるインドの食。
北から南へ、東へ西へ。
スパイスの香りに導かれるように、
全土をめぐりおいしい旅をする。

インドの炊き込みごはん。
スパイスたっぷりの本格味を、
なるべく作りやすいレシピに落とし込みました。

ビリヤニ
（インド風炊き込みごはん）

材料（2～3人分）

米（インディカ米がおすすめ）… 2合
ラム薄切り肉（ジンギスカン用）… 200g
Aプレーンヨーグルト … 大さじ3
クミンパウダー … 小さじ1
ターメリック、カイエンペッパー、塩
… 各小さじ1/2
玉ねぎ … 1/2個
トマト … 1/2個
にんにく（すりおろし）、
しょうが（すりおろし）… 各1かけ分
Bコリアンダーパウダー … 大さじ1
カイエンペッパー … 小さじ1
ターメリック、塩 … 各小さじ1/2
サラダ油 … 大さじ2
シナモンスティック … 1本
カルダモン（ホール）… 6粒
ローリエ … 2枚
ターメリック … 小さじ1（水大さじ1で溶く）
プレーンヨーグルト … 1/2カップ
トマト（付け合わせ用・5mm角に切る）
… 1/4個
カイエンペッパー … 少々
紫玉ねぎ（薄切り）、パクチー（刻む）、
カシューナッツ（粗く刻む）… 各適量

ハードルの高いビリヤニを簡単かつ本格味に
本来手の込んだ料理ですが、この方法なら簡単に現地味を再現。水溶きターメリックをゆでた米に数カ所たらして炊くだけ。

作り方

1 ラム肉はひと口大に刻み、まぜ合わせたAに入れて30分ほどマリネする。玉ねぎは粗みじん切りに、トマトは1cm角に切る。

2 フライパンにサラダ油を中火で熱し、玉ねぎを炒める。玉ねぎの端が茶色く色づいたら、にんにく、しょうがを加えて1分ほど炒め、トマトを加えて煮くずれるまで炒める。Bを加えて1分炒め、ラム肉を加え、2分ほど炒めたら水1/2カップを加え、全体がゆるめのペースト状になるまで煮詰める。

3 鍋に湯を沸かし、シナモンスティック、カルダモン、ローリエ、米を入れて5分ゆで、水気をきってフライパンのラム肉の上に敷き詰める。水溶きターメリックをスプーンでところどころにたらし、ふたをして弱火で5分熱し、火を止めて10分蒸らす。底から軽くほぐし、米の色がまだらになるよう器に盛る。紫玉ねぎ、パクチー、カシューナッツを散らす。

4 ヨーグルトを入れた器に付け合わせ用のトマトをのせ、カイエンペッパーをふる。3に添える。

1回の食事だけでも多彩なスパイス使いを楽しめる。

豚肉を酢入りスパイスでマリネするカレー。
カレー粉なし、驚きの簡単レシピで再現！

ポークビンダルー
（酸味のあるインドカレー）

材料（３～４人分）

豚肩ロース肉（ブロック）…300g

A 玉ねぎ（すりおろし）…1/2個分
　しょうが（すりおろし）、
　　にんにく（すりおろし）
　　…各１かけ分
　酢、プレーンヨーグルト
　　…各大さじ２
　砂糖・・・大さじ1/2
　塩…小さじ１
　パプリカパウダー、ターメリック
　　…各大さじ1/2
　カイエンペッパー…小さじ1/2

玉ねぎ…1/2個

トマト缶（カット）…1/2缶

サラダ油…大さじ１

温かいターメリックライス（右記参照）…適宜

作り方

1 豚肉は2cm角に切る。ジッパー付き保存袋にＡを入れてまぜ、豚肉を１時間～一晩冷蔵庫で寝かせる。玉ねぎは薄切りにする。

2 フライパンにサラダ油を中火で熱し、玉ねぎを炒める。しんなりしたらトマトを加えてペースト状になるまで煮詰める。豚肉を汁ごと加えて２～３分炒め、水１カップを加えてふたをして弱火で20～30分、肉がやわらかくなるまで煮る。

ターメリックライス

材料（３～４人分）と作り方

インディカ米２合をさっと洗い、炊飯器に入れる。２合の目盛りまで水を加え、ターメリック小さじ1/2、シナモンスティック１本、ローリエ２枚を加え、早炊きモードで炊く。炊き上がったらバター10gを加えてまぜる。

Column

インドに豚肉を食べる地域が!?　甘酸っぱくおいしいカレー

広大なインドでは、南北で食文化も異なる。とはいえ宗教上、豚肉を食べないことは共通……と思っていたら、例外があった。

400年間ポルトガルの植民地だったゴアはキリスト教徒が多く、豚肉を食べる習慣も古くから残る土地。「ポークビンダルー」という豚肉を使ったカレーもあり、その珍しさから私もさっそく現地の民家でレシピを習うことにした。

台所に行くと、先生であるお母さんが大きな鉈《なた》でココナッツを割っている。「このへんの家なら、庭に木が生えている」とはさすが。このココナッツは別の料理に使うらしい。

まずは豚肉をワインビネガーとにんにくでマリネする。これまで習ったインド料理では見たことがない調理法だなあと思っていたら、ポルトガル料理に影響を受けているらしい。言われてみれば、そんな料理をポルトガルで食べた記憶が……、なるほど確かにつながっている。

サブジは北インドでよく食べられる野菜料理。
スパイス風味のさつまいもは酒のつまみにも◎。

さつまいものサブジ
（さつまいものスパイス蒸し炒め）

材料（２人分）

さつまいも … １本（約350g）
玉ねぎ … 1/4個
パクチー … １枝
A コリアンダーパウダー … 大さじ1/2
ターメリックパウダー、クミンパウダー、カイエンペッパー、塩 … 各小さじ1/2
サラダ油 … 大さじ１

作り方

1 さつまいもは2cm角に切り、水にさらして水気をきる。玉ねぎは薄切りに、パクチーはみじん切りにする。器に A を合わせる。

2 フライパンにサラダ油を中火で熱し、さつまいもを並べ入れる。両面を軽く焼いて油がなじんだら玉ねぎを入れて炒め合わせ、A、水3/4カップを加えてふたをし、竹串がすっと通るまで蒸し煮にする。

3 器に盛り、パクチーを散らす。

Column

呑兵衛が集まったらサブジでパーティー

インド料理を家で作るようになってから、最初にハマったのはもちろんカレーだった。

チキンカレー、フィッシュカレー、ベジカレー……。次から次へと作りまくり、スパイスを配合するのも楽しくて仕方がない。打ち合わせで来たお客さんにも片っ端から食べてもらい、やっと気が済んだ頃に訪れたのが個人的サブジブームだ。

サブジとは、北インドでよく食べられる野菜のスパイス蒸し炒めのこと。ありとあらゆる野菜でさっと作れて、お酒のつまみにもちょうどいい。仕上げにココナッツを加えて、ポリヤル＝南インド風のサブジにするのもワインによく合う。

カレーにハマっていた頃のホームパーティーでは、数種のカレーとライスやチャパティを中心に出していたので、すぐお腹がいっぱいになり宴が終わっていた。でも、サブジに切り替わってからは、カレーは最後に1種だけ。基本はサブジやサラダ、揚げもので延々と飲み続ける。

カレーは大好きだけれど、私の友人は呑兵衛だらけ。サブジパーティーの方が、良い反応なのはいたしかたないのかも？

これがあれば現地味！

コリアンダーパウダー

パクチーの完熟した種子を乾燥させ、粉末にしたもの。爽やかな香りが特徴。

ターメリックパウダー

別名、ウコン。料理を鮮やかな黄色にするほか、食欲増進や消化促進効果も。

クミンパウダー

クミンシードを乾燥させ、粉末にしたもの。カレーに欠かせないスパイス。

カイエンペッパー

別名、チリペッパー、レッドペッパー。赤い唐辛子を乾燥させ、粉末にしたもの。

なすのキラタ

（なすのスリランカ風カレー）

スリランカ

インド洋に浮かぶ小さな島国スリランカ。
すぐ隣のインドとは異なるカレー文化で、
その面白さにすぐ夢中になった。
アーユルヴェーダに基づいた食事は、
食べるほどに身体が浄化されていくよう。

Sri Lanka

スリランカでは具材に干し魚を使うのが特徴。
かつおぶしで代用してうまみをプラスします。

なすのキラタ
（なすのスリランカ風カレー）

材料（２人分）

なす… ３本
A かつおぶし… 3g
　ガラムマサラ、コリアンダーパウダー
　　… 各大さじ１
　塩… 小さじ１
　カイエンペッパー、ターメリック
　　… 各小さじ1/4
玉ねぎ… 1/4個
サラダ油… 大さじ２
マスタードシード… 小さじ1/2
B ココナッツミルク… 大さじ3
　水… ２カップ

作り方

1 なすは1cm厚さの輪切りにして水にさらし、水気をきってボウルに入れ、Aをまぶす。玉ねぎは薄切りにする。
2 鍋にサラダ油、マスタードシードを入れて中火にかけ、パチパチとはじけてきたら玉ねぎ、なすを入れて２～３分炒める。
3 Bを加えてふたをし、水分がほとんどなくなるまで煮る。

Column

スリランカはノンオイル？ インドとも違うカレーワールド

２年続けてインドに旅をしたら、お隣の国スリランカへ行きたくなった。というのも、「カレーの作り方がインドと全然違う」と聞いたのだ。

インドのカレーは、まずたっぷりの油に固形スパイスを入れて香りを出し、玉ねぎやトマトを炒める。そして粉のスパイス、具材と水を入れて煮込むのがスタンダードな作り方。

対してスリランカでは、まずノンオイルのカレーがとても多い。そして、冷たい土鍋にすべての具材を入れたら、いきなり水を加えて火にかけるという。えっ、最初にじっくり炒めたりしないんだ!?

さらにインドと違うのが、「モルディブフィッシュ」というかつおぶしのような干し魚を加えること。日本と同じく島国で、魚をたくさん食べるのだ。あっさりした味わいが多いので、ココナッツミルクを加えるのも南国らしい。

一皿に数種類の料理を盛り付けて、まぜ合わせながら食べるのもスリランカならではかもしれない。最初はおかずも別々に食べるけれど、だんだん味がまじっていくのも新たな味のハーモニーなのだ。

ココナッツたっぷりでやさしい味わい。
カレーの付け合わせの定番メニュー。

キャベツのマッルン
（キャベツのココナッツ炒め煮）

材料（2人分）

キャベツ…1/8個
A ココナッツファイン…大さじ3
　ターメリック…小さじ1/4
　粗びき黒こしょう…小さじ1/2
　塩…少々
サラダ油…大さじ1
マスタードシード…小さじ1/2

作り方

1 キャベツは5mm幅のせん切りにしてボウルに入れ、Aをまぶす。
2 フライパンにサラダ油、マスタードシードを入れて中火にかけ、パチパチとはじけてきたらキャベツを加えてざっと炒め、ふたをして弱火で3分ほど蒸し煮にする。

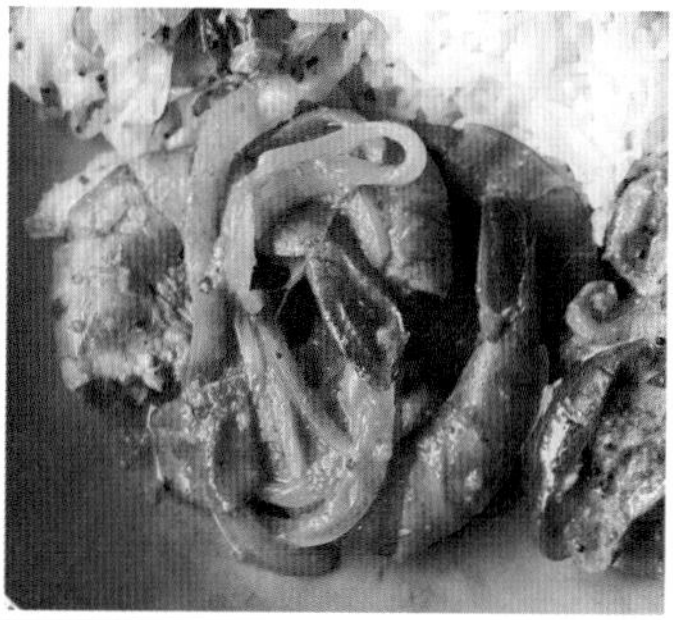

使用するえびは、うまみが出る殻付きで。
指をべたべたにしながら食べるのもうまい！

えびのスパイス蒸し炒め

材料（2人分）

えび（殻付き）…6尾
トマト…1/2個
玉ねぎ…1/2個
A にんにく（すりおろし）、
　　しょうが（すりおろし）…各1かけ分
　梅干し（大・種をとりたたく）…1個分
　塩…小さじ1/2
　シナモンパウダー、カイエンペッパー、
　　粗びき黒こしょう…各小さじ1/3

作り方

1 えびは殻の隙間に竹串を刺し、背わたをとる。トマトは乱切りに、玉ねぎは薄切りにする。
2 鍋にえび、トマト、玉ねぎを入れてAを加えてまぶす。ふたをして中火にかけ、途中、2～3回まぜながら5分ほど蒸し煮にする。

ワンプレートが現地風
3種のおかずと、温かいごはん（できればバスマティライス。シナモンスティックと一緒に炊いても美味）、あればパパド（豆粉の薄焼きせんべい）を盛り合わせ、まぜながら食べる。

世界のごはんで 宴会しようよ Part 1

国を越えてメニューを組み合わせても楽しい宴会に。前菜に香港の「油菜」とカンボジアの「プリアサイッコー」、メインに韓国の「ヤンニョムチキン」、シメはインドネシアの「ミーゴレン」でお腹も大満足！

世界で集めた！ハナコの器コレクション

器はその国の風土や文化を映し出すもの。旅に出ては「陶芸の街」や骨董市を訪れ、肩がもげそうになりながら持ち帰った器は、私の普段の食卓で大活躍している。

ベトナムのソンベ焼きの器

ソンベ焼きはベトナムの食堂などで使われている庶民的な器で、市場では一山いくらで売られている。手で描かれた柄は一枚一枚微妙に違っているけれど、そのゆるさもまた魅力。

香港の小さな絵付け茶碗

雑居ビルの奥にある陶磁器工房「粤東磁廠《ユットンチャイナワークス》」で購入。所狭しと積まれた器の山から掘り出したのが、香港らしいモチーフが描かれたこの器。茶杯だと思うけど、私はお猪口《ちょこ》として使用。

タイの目玉焼きフライパン

タイ北部・イサーン地方の「カイガタ」という目玉焼き料理用の小フライパン。おつまみを盛るのにちょうどいい小ぶりなサイズで、本書では「カリーブルスト」（P97）の器に採用。

韓国の漆器とアンティークのスッカラ

入れ子構造に惹かれて買ったシックな韓国漆のボウルは、なんと寺院で使われていたもの。ソウルのアンティークショップで出会った古い真鍮《しんちゅう》のスッカラはサーバーとして愛用中。

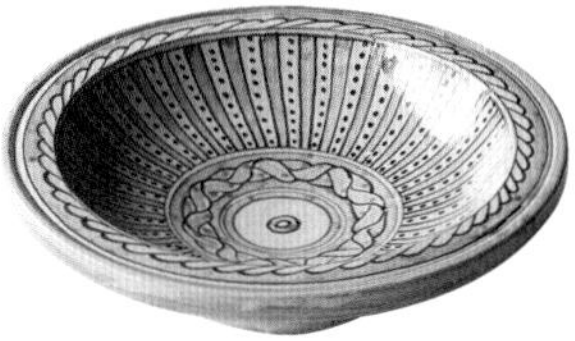

モロッコの柄皿

モロッコのフェズは陶器の街。鼻息荒く選んだ結果、帰りは数十キロの大荷物に…。それでも後悔は一切なし。食卓がパッと華やぐ柄皿はホムパでもひとりごはんでも重宝している。

フランスの菱形のアンティーク皿

フランスのレストランで、よく前菜などが盛られていたのが菱形の器。蚤《のみ》の市で同じ形を見つけて持ち帰ってみたら、人気に納得。食卓にこれがあるだけで洒落た雰囲気になる。

インドの「ブルーポタリー」の大皿

ブルーポタリーはインド北部・ジャイプールの伝統工芸品。職人によって技術にかなりの差があるので数多くの工房をめぐり、さらには店の奥からも出してもらい…まさに執念で選んだ一皿。

ウズベキスタンの「国民皿」

旧ソ連時代のウズベキスタンでは、ほぼすべてのレストランで同じ柄の食器が使われていました。群青色×白の柄皿で、私は勝手に「国民皿」と呼んでいる。皿のほかポットなどもあり。

ポルトガルのレストランの皿

3日連続で通い、厨房まで見せてもらったレストラン。記念に店名入りのお皿を買いたいと申し出たところ、「友情の証にあげるよ」。この一皿にかけがえのない思い出が詰まっている。

インドの銅のカレー皿

小さい銅のカレー皿は日本でも見かけるけど、こちらは直径24cmくらいの大容量。カレーパーティをするときにはたっぷりターメリックライスを盛って、寿司桶のごとく使っている。

Part 2

酒場や街で見つけた気取らない味

ヨーロッパ編

歴史あふれる美食の街揃いのヨーロッパ。
が、そこはやっぱりハナコ旅。
どこでも惹かれるのは普段着の食（と酒）。
ストリートフードにかぶりついたり、
ふらっと立ち飲みしたり、
いつもと同じことを旅先ですると、
その国と仲良くなれるから不思議。

ギリシャ　ロシア　スウェーデン　ドイツ　イギリス　ポルトガル　イタリア　スペイン　フランス

フランス

泣く子も黙る美食の国フランス。
テーブルクロスのかかった高級店はもちろん、
家庭料理でも食いしん坊ぶりがよくわかる。
食べることに妥協しない国民から、
日々の食事がいかに大切かを教わった旅。

France

タブレ
（クスクスのサラダ）

フリカッセ・ド・プーレ
（鶏肉のクリーム煮）

パリのビオマルシェで
買い食いするのが楽しみでした。
オイルをケチらないのがカリッと焼くコツ。

じゃがいものガレット

材料（2人分）

じゃがいも … 2個
ハム … 2枚
ローズマリー … 1枝
塩、こしょう … 各少々
オリーブオイル … 大さじ2

作り方

1 じゃがいもはスライサーでせん切りにして（水にさらさない）、塩、こしょうをまぜる。ハムは半分に切る。
2 小さめのフライパンにオリーブオイルとほぐしたローズマリーを入れて中火で熱し、じゃがいもの半量を広げる。ハムを置き、もう半量を上からのせてはさむ。
3 ふたをして2〜3分焼き、焼き色がついてカリッとしたら裏返してさらに2分ほど焼く。あればローズマリー（分量外）を飾る。

Column

パリの家庭でびっくり。ママンのフレンチはシンプルで豪快

　初フランスは30歳のとき。20代はアジアばかり行っていたので、「ヨーロッパってのは、気取っているんだろうな」と少しだけ肩に力が入っていたような気がする。

　お世話になったのは、パリに住む一般家庭のアパルトマン。フランス通の友人に「家庭料理を習いたい」と紹介してもらったお宅だった。驚いたのは、食卓に並ぶ料理が想像以上に「普通のごはん」だったこと。フレンチのフルコースのようにちまちましておらずドーンと豪快！　オーブンで焼いたかたまりの豚肉、牛すね肉のポトフ……レシピもシンプルで、急にフランスが身近になった気がしたものだった。

　そんな中「おっ、フレンチっぽい」と思ったのが「フリカッセ」。「軽い煮込み」という意味らしいが、小麦粉と生クリームを使うだけでレストラン感が出る。でもママンいわく「手抜きしたいときはフリカッセ」。確かに作り方を見ていると、フライパンひとつでできてしまう簡単さなのだった。これは覚えておきたいとレシピをメモしたけれど、実はフランスの乳製品のおいしさも味の秘密だったような気がしている。

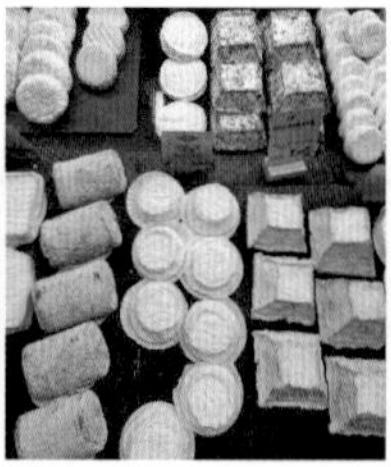

フランスのロワール地方の家庭料理。
バターと生クリームの風味でリッチな味わい。

フリカッセ・ド・プーレ
（鶏肉のクリーム煮）

材料（3～4人分）

- 鶏胸肉…400g
- 塩、こしょう…各少々
- 小麦粉…大さじ2
- 玉ねぎ…1/2個
- マッシュルーム…6個
- オリーブオイル…大さじ1
- バター…20g
- 生クリーム…1/2カップ

バターライス

材料（3～4人分）と作り方

温かいごはん2合分にバター20gとパセリのみじん切り大さじ2～3をまぜる。

作り方

1 鶏肉は大きめのひと口大に切り、塩、こしょうをふり小麦粉をまぶす。玉ねぎは薄切りにし、マッシュルームは縦半分に切る。
2 フライパンにオリーブオイルを中火で熱し、鶏肉の皮目を下にして並べ、両面を1～2分ずつ焼き、焼き目がついたらとり出す。
3 同じフライパンにバターを弱火で熱し、玉ねぎ、マッシュルームの順で炒める。しんなりしたら鶏肉を戻し入れ、水1/2カップ、生クリームを加えて5分ほどとろりと煮詰める。バターライスとともに盛る。

中東発祥のサラダが今やフランスの国民食に。
野菜とハーブをたっぷりとれるのもうれしい。

タブレ
（クスクスのサラダ）

材料（3～4人分）

- クスクス…1/2カップ
- オリーブオイル…大さじ1
- トマト、紫玉ねぎ、パプリカ（黄）…各1/2個
- きゅうり…1本
- ブラックオリーブ（種なし）…6個
- パセリ、ミント…各5g
- A オリーブオイル…大さじ2
  - レモン汁…1個分
  - 塩…小さじ1
  - 粗びき黒こしょう…少々

作り方

1 ボウルにクスクス、熱湯1/2カップ、オリーブオイルを入れてふたをし、5分ほど蒸らす。
2 トマト、きゅうり、紫玉ねぎ、パプリカは5mm角に、オリーブは薄切りに、パセリとミントは粗みじん切りにする。
3 1にAをまぜ、冷めたら2をあえる。

パン・コン・トマテ
（トマトのトースト）

Spain

スペイン

ポルボ・ア・フェイラ
（たこのガリシア風）

スペインのタパス文化を初めて知ったとき、

「この国が好きになりそうな気がする」。

そう心から思った。

朝から夜まで呑兵衛にやさしいおつまみ天国。

現地では朝食の定番メニューだけどつまみにも◎。
トマトのおいしさをシンプルに楽しめる一品。

パン・コン・トマテ
（トマトのトースト）

材料（４枚分）

トマト（横半分に切ったもの）… 1/2個
にんにく … １かけ
生ハム … ４枚
イタリアンパセリ、オリーブオイル
　… 各適量
バゲット … 8cm

作り方

1 にんにくは縦半分に切る。イタリアンパセリは3cm長さに切る。バゲットは2cm厚さに切り、トースターで焼き色がつくまで焼く。
2 バゲットが熱いうちににんにく、トマトの順で断面をバゲットに塗りつける。生ハム、イタリアンパセリを等分にのせ、オリーブオイルをかけて食べる。

Point

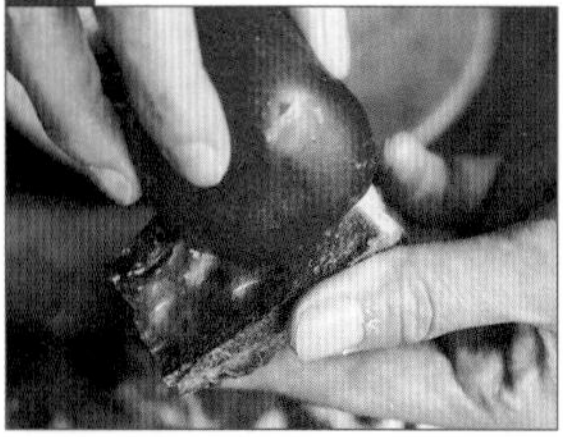

簡単なのに本格的な味！
トマトは押しつぶしながら塗るのがコツ。手の汚れは気にしない。

生ハムをのせるとボリュームアップ。
ワインもさらに進みます！

市場の生ハム専門店。
これ全部生ハム！

スペインのバルでは定番のタパス。
パプリカパウダーがたこの風味を引き立てます。

ポルボ・ア・フェイラ
（たこのガリシア風）

材料（2人分）

ゆでだこ … 80g
A 白ワインビネガー … 小さじ1
└塩 … 少々
じゃがいも（メークイン）… 2個
パプリカパウダー、オリーブオイル
… 各適量

これがあれば現地味！

パプリカパウダー

辛みのない唐辛子の一種を粉末状にしたもの。鮮やかな色と甘い香りが特徴。

作り方

1 たこは薄いそぎ切りにし、ボウルに入れてAをまぶす。じゃがいもは皮付きのまま竹串がすっと通るまでゆで、ざるにあげて皮をむき、粗熱がとれたら1cm厚さに切る。
2 器にじゃがいもを並べ、たこをのせる。パプリカパウダー、オリーブオイルをたっぷりとかける。

Column

住みたくなる街！バルセロナの一日中飲めるバルめぐり

何カ国を訪れようと、「ここに住める」と思える国は意外と少ない。そんな中、バルセロナは「自分が住んでいるところがイメージできる」珍しい街だった。

一番大きいのはバルの存在。街中どこにでも必ずあって、誰もが行きつけの店を持っている。朝はカフェ、昼はランチ、夜は飲み屋として使い分けられるそのスタイルは、いつでもオープンな雰囲気が居心地よし。私も滞在中、通いたくなる店があっという間にできた。

中でも夜は、毎晩行っても飽きない。カウンターには数々の日替わりタパスが並び、安くておいしいワインもたんまりある。ガリシア出身の主人は、「うちのシーフード料理はうまいだろ？　バルセロナも港町だけれど、ガリシアにはかなわない」と何度も言っていた。

そんな彼に毎晩すすめられたのが「たこのガリシア風」。見た目はシンプルだけれど、食べてみるとそのやわらかさに衝撃。丸ごとの玉ねぎと長時間ゆでるのがコツだと言っていたけれど「ガリシアのたこで作るとさらに絶品」とまた一言。うーん、次こそ現地へ行かなきゃだ。

スペインの炊き込みピラフ。スパイスがあれば、
いつものフライパンで本格パエリアが完成!

フライパンパエリア

材料（2～3人分）

米… 2合
ベーコン… 2枚
えび（殻付き）… 6尾
片栗粉… 大さじ1
あさり（砂抜きする）… 200g
玉ねぎ…1/4個
パプリカ（赤・黄）… 各1/4個
トマト…1/2個
ブラックオリーブ（種なし）… 6個
にんにく（みじん切り）… 1かけ分
白ワイン…1/4カップ
オリーブオイル… 大さじ2
A 塩… 小さじ1
　ターメリック… 小さじ1
　水… 360ml
レモン（くし形切り）…1/2個分
パクチー（ざく切り）… 適宜

作り方

1 えびは背わたをとり、尾を残して殻をむき、片栗粉をまぶして汚れをとって水で洗い流す。玉ねぎは粗いみじん切りに、パプリカは縦5mm幅の薄切りに、トマトは1cm角に、オリーブは半分に切る。ベーコンは1cm幅に切る。

2 フライパンにオリーブオイルを中火で熱し、えびの両面をさっと焼いてとり出す。にんにく、玉ねぎ、ベーコンを加えて玉ねぎが透明になるまで炒める。トマトを加え、煮くずれたら、米を洗わずに加えて炒め、米が透明になったらあさり、白ワインを入れてふたをする。あさりは口が開いたらとり出す。

3 まぜたAを加え、ふたをして弱火で15分ほど炊く。えび、あさり、パプリカ、オリーブを米の上に並べ、ふたをしてさらに5分ほど炊き、火を止めて10分ほど蒸らす。パクチー、レモンをのせる。

これが
あれば
現地味！

ターメリック

本場のパエリアはサフランを使いますが、なければターメリックで。パウダー状なので手軽で、サフランよりお手頃。

イタリア

イタリアを訪れた初日。
列車で隣になったお母さんに
自家製フォカッチャをもらった。
「マンマのは特別だよ！」と言う
隣席の息子のかわいい笑顔が、
まだほの温かいパンを
もっとおいしくさせた。

Italy

Column

ナポリの漁師町でシーフードとワイルドな紳士に酔いしれる

日本でも海外でも、港町が好きだ。屈強な海の男たちが行きかう、ちょっとガラが悪くて猥雑な街。でも、そんなところにこそ、私好みの酒場があったりするからやめられない。

ナポリは、まさにそんな場所だった。路地を歩いていると飲み屋らしきドアのない店に出くわし、中を覗くと大盛況。みんな楽しそうに白ワインを飲んでいる。「入りなよ」のジェスチャーでカウンターに通されると、目の前には超マッチョな青年が3人。大量のえびの殻をむく太い腕には船の錨《いかり》の入れ墨……、そう、ここはリアル漁師による立ち飲み酒場なのだった。

すすめられるがままに新鮮なえびや貝、魚を食べてワインをひと口。ひゃー、うんまい。床はみんなが落とした貝殻やえびの殻で埋まっているけれど、誰も気にする様子はない。そして、隣にいたスーツ姿の年配紳士が食べていたのがミニトマト入りのボンゴレだった。

ビアンコ（白）でもロッソ（赤）でもなく、その中間。「ナポリのボンゴレは最高だよ」とウインクされて少しポーッとなったのは、イタリア男のベテランの色気にあたったのかも。

ボンゴレ・マキアート
（ナポリ風あさりとトマトのパスタ）

トマトソースを使わないあっさりボンゴレ。
あさりのだしがしみ渡ったパスタが絶品！

ボンゴレ・マキアート
（ナポリ風あさりとトマトのパスタ）

材料（1人分）

あさり（砂抜きする）…180g
ミニトマト…8個
にんにく…1かけ
イタリアンパセリ…2枝
オリーブオイル…大さじ1
白ワイン…1/4カップ
スパゲティ…80g

作り方

1 ミニトマトは半分に切り、にんにくは包丁の腹でつぶす。イタリアンパセリは粗みじん切りにする。
2 フライパンにオリーブオイルとにんにくを入れて中火で熱し、香りが立ったらあさり、白ワインを加えてふたをする。あさりの殻が開いたらとり出し、半分は身をとり出す。
3 煮汁が残ったフライパンにミニトマトを入れて弱火で2～3分炒め、袋の表示通りにゆでたスパゲティを加えてあえる。あさりをすべて戻し入れて器に盛り、イタリアンパセリをふる。

これがあれば現地味！

イタリアンパセリ

爽やかな香りでイタリア料理によく使われる。一般的なパセリよりも苦味が少なく、やわらかい。

おつまみ用に本場よりミニサイズに。
チーズはブルーチーズでも美味。

ひとくちアランチーニ
（イタリア風ライスコロッケ）

材料（2～3人分）

玉ねぎ…1/4個
にんにく（みじん切り）…1かけ分
モッツァレラチーズ…30g
A トマトケチャップ…大さじ4
└塩、こしょう…各少々
パセリ（みじん切り）…4枝分
オリーブオイル…大さじ1
温かいごはん…200g
小麦粉、卵、パン粉（細目）、揚げ油
…各適量

作り方

1 玉ねぎはみじん切りにする。モッツァレラチーズは6等分に切る。
2 フライパンにオリーブオイルとにんにくを入れて中火で熱し、香りが立ったら玉ねぎを入れて炒める。Aを加えて1分ほど炒め、ごはん、パセリを入れて炒め合わせ、バットに移し粗熱をとる。
3 2を6等分して、モッツァレラチーズを包んで丸く成形する。小麦粉、卵、パン粉の順に衣をつけ、180℃の油で揚げる。

3

現地ごはん、いただきます！
炭火焼きいわしの煙が上がるどこか懐かしいポルトガル

「どこか日本の村へ来たみたいだな」。そう思ったのがポルトガルの第一印象だった。首都であるリスボンでさえのどかな雰囲気で、おじいさんやおばあさんが路地を散歩する姿を見ているだけでなごんでしまうほど。ある日なんて、芝生の丘で昼寝をしていたら、杖を持ったリアル羊飼いのおじいさんと羊の群れが通りかかり、「おお、ハイジみたい……」と夢を見ているようだった。

料理を知って驚いたのは、いわしを炭火で焼いて食べること。ポルトガル人はいわしが大好きで、年に一度「いわし祭り」と呼ばれるお祭りがある。正式には聖人アントニオの誕生日を祝う行事だけれど、この日になると町中の道路に炭火台が置かれ、いわしを炭火で焼いて

食堂のおばあちゃんシェフ。大量のパプリカを炭火の上に直接積み、わざと丸焦げにしてていねいに皮をむき「マッサ」を作る。

皆で食べるのだ。

こんがり焼かれたいわしはパンの上に置いて脂をしみ込ませ、レモンとパクチーを添える。塩をふった魚の炭火焼きだなんて、まさに日本のよう……。さすがに七輪ではないけれど。

そんなポルトガルの食堂で教えてもらった料理が「豚肉とあさりのアレンテージョ風」。海が近いポルトガルでは魚介を多く食べるけれど、なんと豚肉も一緒に入れちゃう。日本なら魚介か肉のどちらかだけを使いそうなものの、その組み合わせに衝撃を受けた。

「海のものと山のものを合わせるのがポイントよ」と、かわいいビニールエプロンをつけたおばあちゃんシェフ。確かに一緒に煮たじゃがいもはもちろん、煮汁にひたしたパンは想像以上のうまみ爆弾！

ポイントになるのはパプリカの塩漬けをペースト状にした万能調味料「マッサ」。ポルトガル人にとってのみそやしょうゆのような存在で、手作りする人も多いそう。とはいえ私は、日本ではなかなか手に入らないのでパプリカパウダーで代用することがほとんど……。こうなったら、今年こそ日本で手作りするかな。

リスボンを散歩していたら、芝生の丘を発見。昼寝しようと寝転ぶと羊の群れが……なんてのどか！

本場の「豚肉とあさりのアレンテージョ風」。器に山盛り出てくるのが気取らない食堂ならでは。

いわしを愛するポルトガル人。香ばしく炭火で焼いてオリーブオイルでマリネしたものを仕込む。

ポルトガル

Portugal

アロス・コン・プルポ
（ポルトガル風たこごはん）

スペインの隣なのに
風景も空気も一変。
カラフルな壁の
かわいらしい家に
のんびりとした
小さな食堂。
こんなところで
ワインを飲みながら
晩年を過ごすのも
いいかもしれない。

ポルトガルはヨーロッパ有数の魚介消費国。
たこのだしがしみたごはんは日本人にもなじむ味。

アロス・コン・プルポ
（ポルトガル風たこごはん）

材料（4～5人分）

ゆでだこ…300g
玉ねぎ…1個
オリーブオイル…大さじ2
にんにく（みじん切り）…1かけ分
米…2合
塩…大さじ1/2
パセリ（みじん切り）…大さじ3
レモン（くし形切り）…6切れ

作り方

1 たこは1cm厚さに切る。玉ねぎはみじん切りにする。
2 鍋かフライパンにオリーブオイル、にんにくを入れて中火にかけ、香りが立ったら玉ねぎを加え、透き通るまで炒める。たこを入れて2分ほど、洗わずに米を加えてさらに2分ほど炒め、水360mlと塩を加える。
3 ふたをして沸騰したら弱火にし、途中で一度まぜて10分ほど炊き、米に火が通ったら火を止めて5分ほど蒸らす。パセリを入れてまぜ、レモンを添える。

ポルトガルで愛されるソウルフード。
おなじみの塩焼きもパクチーでほんのり異国風。

サルディーニャス・アサーダス
（いわしの塩焼きサルデーニャ風）

材料（2人分）

いわし…4尾
塩…小さじ1
じゃがいも…1個
いんげん…4本
パクチー…2枝
レモン…1個
オリーブオイル…適宜

作り方

1 いわしは尾頭付きのままはらわたをとり、塩をふる。じゃがいもは四つ割りにしてやわらかくなるまでゆで、湯を捨てて鍋をゆすりながら中火にかけ、粉ふきいもにする。いんげんはゆでて4cm長さに切る。パクチーは3cm長さ、レモンは半分に切る。
2 魚焼きグリルを熱していわしを並べ、中火で両面をこんがりと焼く。器に盛り、じゃがいも、いんげん、パクチーを添える。レモン汁、オリーブオイルをかけて食べる。

豚の脂とあさりのだしがじゃがいもにしみしみ。
ボリューム満点で食べ応えも抜群！

カルネ・デ・ポルコ・ア・アレンテジャーナ
(豚肉とあさりのアレンテージョ風)

材料（４人分）

豚肩ロース肉（ブロック）… 300g
あさり（砂抜きする）… 300g
A 白ワイン … 大さじ１
　パプリカパウダー … 小さじ１
　塩 … 小さじ1/2
玉ねぎ、トマト、パプリカ（赤）… 各1/2個
にんにく … １かけ
じゃがいも … １個
オリーブオイル … 大さじ１
白ワイン … 1/2カップ
塩 … 小さじ1/2
パクチー、揚げ油 … 各適量

Point

つまみにもおかずにも
うまみたっぷりの一皿は、パンはもちろんごはんとも相性良し。

作り方

1 豚肉は1cm厚さに切り、さらに1cm幅の棒状に切ってAをまぶす。玉ねぎはみじん切り、トマト、パプリカは乱切りにする。にんにくは包丁の腹でつぶす。パクチーは刻む。
2 じゃがいもは皮付きのままくし形に切り、30分ほど水にさらして水気をふく。揚げ油を170℃に熱し、５分ほど揚げ、油をきる。
3 鍋にオリーブオイル、にんにくを入れて中火にかけ、香りが立ったら玉ねぎを入れて炒める。豚肉を加え、肉の色が変わったら２、あさり、トマト、パプリカ、白ワイン、塩を加えてふたをし、途中２～３回まぜながら10分ほど蒸し煮にする。器に盛り、パクチーを散らす。

真っ赤なパプリカが目をひく
鮮度抜群の野菜が並ぶ市場。

イギリス

The United Kingdom

イギリスのパブには毎晩行った。
そそぎたてのエールビールに、
揚げたてのフィッシュ&チップス。
食に期待していなかったからこそ、
そのおいしさに感動したのだ。
とはいえイギリスの知人は、
不思議そうな顔をしていたけれど。

サクッと揚がったたらとポテトにレモンをキュッ。
本場風にビネガーにひたして食べてもおいしい。

フィッシュ&チップス

材料（2人分）

塩だら … 2切れ
小麦粉 … 大さじ2
A 小麦粉 … 60g
　ベーキングパウダー … 小さじ1/2
　炭酸水（またはビール）… 80ml
じゃがいも … 1個
塩 … 少々
揚げ油、レモン（くし形切り）… 各適量

作り方

1 塩だらは3等分し、小麦粉をまぶす。じゃがいもは皮付きのままくし形切りにして30分ほど水にさらし、水気をペーパータオルでふく。
2 揚げ油を180℃に熱し、じゃがいもを7～8分揚げて油をきり、塩をふる。
3 ボウルにAを合わせて塩だらをくぐらせ、180℃の揚げ油で5分ほど揚げて油をきり、器に盛って2、レモンを添える。

英国伝統の具材の組み合わせの妙にうなる。
ここだけの話、ワインのあてにもなります。

アフタヌーンティーサンド
（きゅうりとミント／ローストビーフとブルーチーズ）

きゅうりとミントのサンド

材料（２人分）

きゅうり … ２本
塩 … 小さじ1
ミント（粗みじん切り）… 3g
バター … 20g
からし … 小さじ1/2
食パン（サンドイッチ用）… ４枚

作り方

1 きゅうりは薄い小口切りにして塩をまぶし、10分ほどおいてしっかりと水気をしぼる。ミントをきゅうりにまぜる。バターは室温に戻し、からしをまぜる。
2 すべての食パンの片面にからしバターを塗る。２枚にきゅうりをのせ、残りのパンではさみ、耳を切り落として４等分する。

ローストビーフとブルーチーズのサンド

材料（２人分）

ローストビーフ（市販品）…100g
バター …20g
からし …小さじ１
ブルーチーズ …20g
食パン（サンドイッチ用）…４枚

作り方

1 バターは室温に戻し、からしをまぜる。ブルーチーズは粗くほぐす。
2 食パン２枚の片面にからしバターを塗り、ローストビーフ、ブルーチーズの順にのせて残りのパンではさみ、耳を切り落として４等分する。

Column

ケーキやスコーンよりも感動した本場のティーサンドイッチ

幾度となく聞いた「イギリス料理はおいしくない」という話。確かに、まったく気にしなかったかといえばウソになる。でも、もはや「逆にどのくらいおいしくないのか」とワクワクしながら初のロンドンに着いた。

実際、「確かにちょっと……」という料理にも出会ったけれど、感動したものもある。そのひとつが「ハロッズ」のサンドイッチだった。普段甘いものを食べないので、「アフタヌーンティーなんて興味ないよー。酒がいいよー」と言っていたのだけれど。さすが老舗の高級ティーサロン。ゴージャスな内装の中、スイーツと共にうやうやしく運ばれてきた片隅のサンドイッチが本当においしかったのだ。

スモークサーモンとクリームチーズ、クレソンと卵、ローストビーフとブルーチーズ……そして、きゅうりのサンドイッチ。パン自体もパサつきゼロで、そのスライス加減や具のバランスも絶妙なのだ。おお、これがサンドイッチ伯爵の国のサンドイッチ……。ちなみに、もちろん紅茶もさすがのクオリティ。この私がシャンパンを飲まずにお茶を飲むだなんて！

ドイツ

フラムクーヘン
（ドイツ風薄焼きピザ）

Germany

とにかく肉！　肉！　肉！
腸詰を始め、どの肉料理も
本当においしかった。
たとえ、途中でスーパーに寄り、
生のトマトをかじりながら
根性で次の肉料理を食べに
レストランへ出かけたとしても。

カリーブルスト
（カレー風味のソーセージ）

サクサク食感の生地を、春巻きの皮で再現。
ほんのり酸味のあるソースも軽やかな味わい。

フラムクーヘン
（ドイツ風薄焼きピザ）

材料（２人分）

春巻きの皮（３枚重ねたままはがす）
　… ３枚
玉ねぎ … 1/8個
ベーコン … 40g
サワークリーム … 大さじ３
粗びき黒こしょう … 適量

作り方

1 玉ねぎは薄切りにする。ベーコンは1cm幅に切る。
2 春巻きの皮に、ふちを1cmほど残してサワークリームを塗り、玉ねぎ、ベーコンを散らす。
3 230℃に温めておいたオーブンで２～３分焼き、黒こしょうをふる。

仔牛肉を揚げたシュニッツェルやソーセージなど絶品肉料理もたくさん。

Column

ホットワイン片手にほおばる、屋台のアツアツソウルフード

　クリスマスのドイツは極寒だった。ヨーロッパの石畳は、ブーツを履いていても震えるほどの底冷え。それでも夜のマーケットのイルミネーションはキラキラ美しく、ホットワイン片手に屋台を覗いて回った。

　すると目に入ったのが、なにやらピザのようなものを売る屋台。とはいえいわゆるピザに比べると、かなり生地が薄くて具の量も控えめ。その代わり、とても大きく焼いたものを四角くカットして売っている。現地の友人に聞くと「あれはフラムクーヘンよ」とのこと。

　歴史的にドイツ領だった時代が長いお隣のフランス・アルザス地方の名物だそうで「ワインに合うから食べよう」ということに。驚いたのはサクサクの薄い生地に塗られているのがトマトソースではなくサワークリームなこと。クリーミーな味わいに、トッピングされたベーコンの塩気と玉ねぎの甘みがよく合う。

　屋台なのに窯焼きなのでアツアツ。寒空の中でほおばるのがあまりにおいしくて、その場でおかわりしたほど。このくらい軽いピザが、だんだん好きになるお年頃だな。

ベルリンでは屋台のスナック的な人気メニュー。
ケチャップにカレー粉を足すとやみつきの味に！

カリーブルスト
（カレー風味のソーセージ）

材料（2人分）

フランクフルト … 4本
じゃがいも … 1個
牛乳 … 1/2カップ
塩、ナツメグ … 各少々
玉ねぎ … 1/8個
オリーブオイル … 大さじ1
トマトケチャップ、ウスターソース … 各大さじ3
カレー粉 … 小さじ1/2

作り方

1 じゃがいもは四つ割りにしてやわらかくなるまでゆで、湯を捨てて鍋をゆすりながら中火にかけ、粉ふきいもにしてマッシャーでつぶす。牛乳を加えてもったりとするまで弱火で加熱し、塩、ナツメグをまぜる。玉ねぎはみじん切りにする。

2 小さめのフライパンにオリーブオイルを中火で熱し、玉ねぎを炒める。弱火にしてケチャップ、ウスターソースを加え、1分ほど煮詰める。

3 別のフライパンにフランクフルト、ひたひたの水を入れてふたをし、中火にかける。沸騰したら弱火にして1分ほどゆでる。残った湯を捨て、中火で焼き目がつくまで焼く。器に1のマッシュポテトとともに盛り、2をかけ、カレー粉をふる。

ドイツのお楽しみ
といえばやはりビール！

これが
あれば
現地味！

カレー粉

ウコン、唐辛子など数十種の香辛料が配合されたミックススパイス。入れるだけで簡単にカレー味に。

4

現地ごはん、いただきます！ ミートボールと甘いジャム スウェーデンのお袋の味

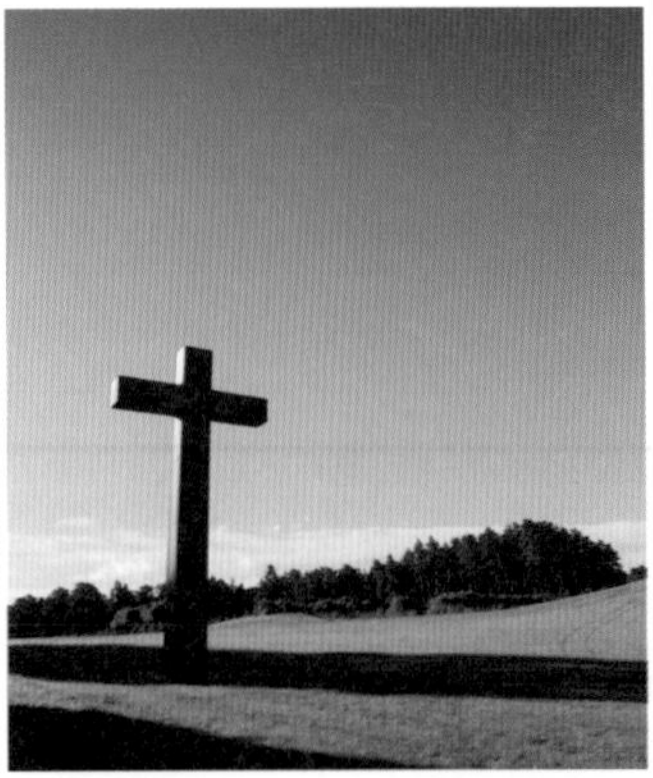

20年ほど前、友人がスウェーデンで美術学校の先生をしていたので遊びに行くことになった。スウェーデンといえば「スモーガスボード」と呼ばれるビュッフェ式料理発祥の地。現地でさっそく専門レストランへ行き、専用台にずらりと並ぶディル風味のスモークサーモンやニシンの酢漬け、巨大なかたまりのローストビーフなどを目移りしながらいただいた。

その豪華さに驚き、友人の生徒たちに「家庭でもあんな食事なの？」と聞くと「まさか」の返事。「家庭料理の大定番はミートボールよ。生クリームで煮込んで、リンゴンベリーのジャムを添えて食べるの」。肉団子に生クリームとジャム!?「りんご」じゃなくて「リンゴ

スウェーデンを代表する建築家アスプルンドによるストックホルム市立図書館。吹き抜けエントランス＆360度囲まれた書棚が圧巻！

ン」って何？

すると、生徒のひとりが「うちの母に作ってもらえばいい」と言うので、ありがたくご自宅へ伺ってミートボールのレシピを教えてもらうことに。「普通の家庭料理を日本の方にお見せするのは、お恥ずかしいわ」と恐縮されつつ習ったのは、これまでまったく食べたことのないミートボールだった。

日本人にとってのミートボールとは、照り焼き味やケチャップ味が一般的。だが、スウェーデンではミートボールを焼いてから生クリームをたっぷり入れて煮込み、リンゴンベリー（こけもも）のジャムを添えるのだ。その未知の組み合わせに驚きつつ食べてみると、濃厚な生クリームが肉の塩気とジャムの甘みをつないでとても良いバランス。これは赤ワインが進む！

スウェーデンで働く友人いわく、「日本人にとっての肉じゃがのような料理なのかも」だそう。定番だけれど各家庭でレシピが違い、「うちのお母さんのミートボールが一番」とホッとする。どこの国にも、きっとそんな料理があるのだろうなあ。そんなことを、意外とくせになる甘いジャムをおかわりしながら思った。

伝統的な北欧スタイルの住宅。人と環境にやさしく、カラフルなデザインは日本でも大人気。

新鮮な魚介がズラリと並び目移り必至。夏に旬を迎える名物のザリガニは、ぜひ一度食べてみたい。

スーパーマーケットの店内も、おしゃれな北欧デザイン！　ただ見て回るだけでも楽しい～。

スウェーデン

グラブラックス
（ディル風味のサーモンマリネ）

「デザイン大国の
スウェーデンでは、
器やカトラリーも
見どころのひとつだよ」

そう聞きながら食べた
おしゃれな皿にのった
シンプルなサーモンは
確かにひときわ
光り輝いて見えた。

ショットブッラル
（北欧風ミートボール）

サーモンにハーブの香りをまとわせて。
塩と砂糖をまぶすことでうまみを凝縮させます。

グラブラックス
（ディル風味のサーモンマリネ）

材料（2人分）

サーモン（刺し身用さく）… 200g
A 塩、砂糖 … 各大さじ1
　こしょう … 少々
ディル … 4枝
B ディルの葉のみじん切り … 3枝分
　オリーブオイル … 大さじ1
　はちみつ、粒マスタード … 各大さじ1/2

作り方

1 ディルは茎から葉をはずす。サーモンにAをまぶす。
2 ラップにディルの半量を広げ、サーモンをのせて、残りのディルをのせる。ラップでぴったりと包み、3時間〜一晩、冷蔵庫で寝かせる。
3 器にBを合わせてソースを作る。サーモンをとり出して水気やディルをふきとり、薄切りにする。器に盛り、ソースをかける。

Point

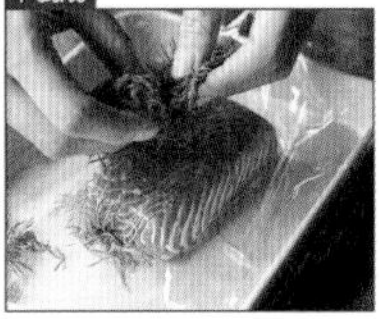

ディルの風味を移して
ディルはサーモンにまんべんなくのせて。爽やかな香りが調味料に。

甘酸っぱいジャムとクリーミーなソースを
ミートボールにからめると新鮮なおいしさ！

ショットブッラル
（北欧風ミートボール）

材料（４人分）

合いびき肉 … 400g
玉ねぎ … 1/2個
A 卵 … １個
　パン粉 … 1/2カップ
　塩 … 小さじ1/2
小麦粉 … 適量
オリーブオイル … 大さじ２
生クリーム … 1/2カップ
マッシュポテト（P.99参照）、
　ジャム（ベリー系のもの）、
　パセリ（みじん切り）… 各適量

作り方

1 玉ねぎはみじん切りにする。フライパンにオリーブオイル大さじ１を中火で熱し、玉ねぎをしんなりするまで炒めて粗熱をとる。
2 ボウルにひき肉、１、Ａを入れ、粘りが出るまでよくまぜる。ピンポン玉大に丸めて小麦粉を薄くまぶす。
3 フライパンに残りのオリーブオイルを中火で熱し、ミートボールを並べ入れる。転がしながら焼き目をつけ、ふたをして３～４分蒸し焼きにする。生クリームを加えて１～２分煮詰め、器に盛る。マッシュポテトとジャムを添え、パセリをふる。

Point

ベリー系ならOK
日本でリンゴンベリージャムは入手しにくいのでブルーベリーやラズベリーなどで代用を。

ロシア

お世話になった家では、
暖炉で薪が赤々と燃えていた。
その上にやかんを置き、
ロシアンティーを淹《い》れる。
「甘いなあ」と思いながら、
寒いロシアの冬を
飲み物で感じられることが
うれしかった。

Russia

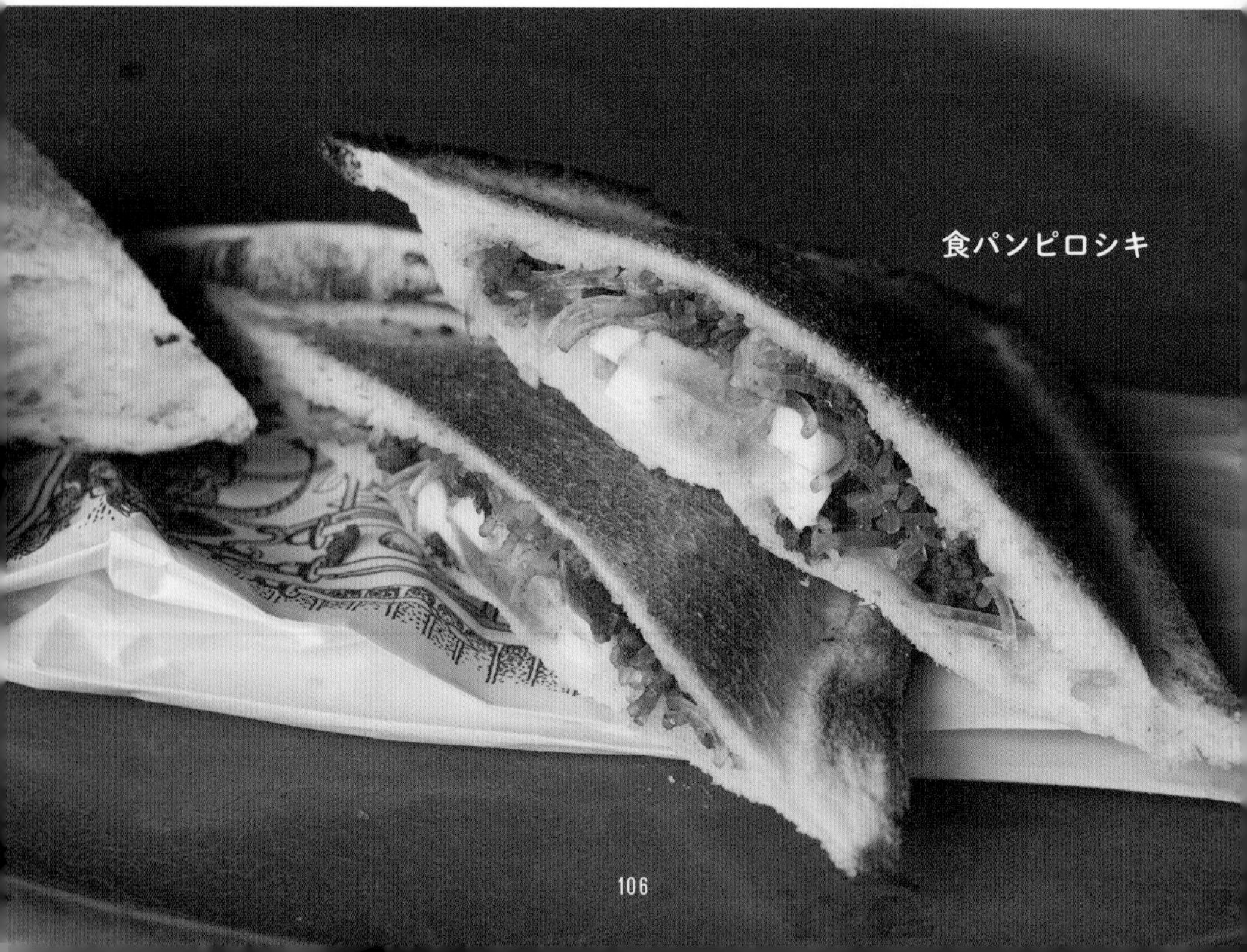

食パンピロシキ

ペリメニ
（ロシア風水餃子）

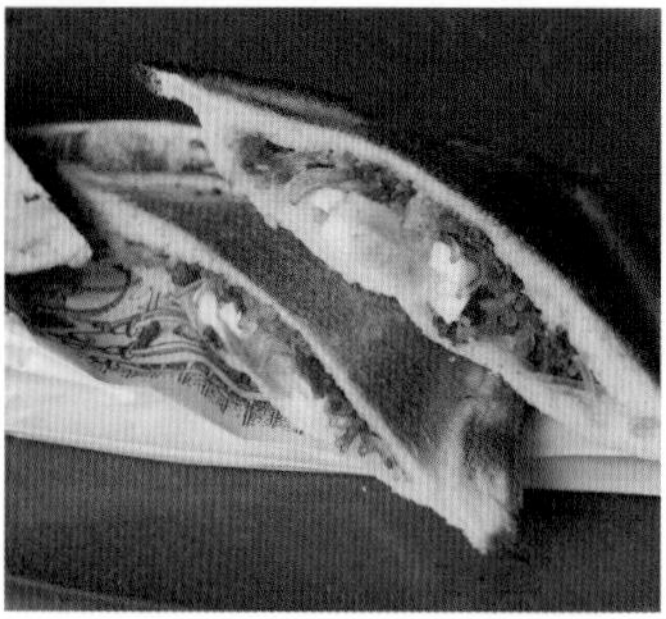

ロシアの惣菜パン。食パンを使えば
生地作りいらず。油で揚げずトースターで手軽に。

食パンピロシキ

材料（2人分）

食パン（8枚切り）… 4枚
合いびき肉 … 50g
玉ねぎ … 1/6個
緑豆春雨（乾燥）… 20g
トマト … 1/2個
塩、粗びき黒こしょう、
　オールスパイス … 各少々
オリーブオイル … 大さじ1
ゆで卵 … 2個

作り方

1 玉ねぎはみじん切りにする。春雨はぬるま湯に10分ほどつけて戻し、2cm長さに切る。トマトは1cm角に切り、ゆで卵は薄切りにする。
2 フライパンにオリーブオイルを中火で熱し、玉ねぎを炒める。ひき肉を加え、肉の色が変わったらトマト、春雨、塩、黒こしょう、オールスパイスを加えてトマトが煮くずれるまで炒める。
3 食パンは耳を切り、めん棒で薄く延ばす。具材を2等分して食パン2枚にのせ、ゆで卵を中心にのせたら、それぞれ残りのパンをかぶせて四方の端をめん棒でギュッと押してしっかりと閉じる。オーブントースターで焼き目がつくまで焼き、半分に切る。

これがあれば現地味！

オールスパイス

シナモン・クローブ・ナツメグの3つの香りを併せ持ったような香りのスパイス。肉の臭みも消してくれる。

餃子とヨーグルトがロシアでマッチング！
ユーラシア大陸でつながった食の奇跡を味わって。

ペリメニ
（ロシア風水餃子）

材料（２人分）

合いびき肉…100g
A 玉ねぎ（すりおろし）…1/4個分
　にんにく（すりおろし）…少々
　塩、こしょう、ナツメグ…各少々
B プレーンヨーグルト…1/2カップ
　にんにく（すりおろし）…少々
　塩…少々
餃子の皮…12枚
バター…10g
ディル（葉を刻む）…２枝分

作り方

1 ボウルに合いびき肉、A を入れて練りまぜる。餃子の皮に等分にのせ、ふちに水をつけてひだをつけずに包み、端同士を前で合わせてとめる。
2 器に B を合わせてソースを作る。小さめのフライパンにバターを入れて弱火で溶かす。
3 鍋に湯を沸かし、1 を入れて３分ほどゆでる。水気をきって器に盛り、ソース、溶かしバターをかけ、ディルを散らす。

Column

小学生でロシア短期留学！ 当時から頭の中は食べ物だらけ

小学生の頃、剣道の習い事をしていた関係でロシアへ２週間ほどの短期交換留学をした。まだ国はソビエト連邦時代のこと。兄とふたりでお面と竹刀を持って飛行機には乗ったけれど、すでに私の頭の中は図書館で調べてきたロシアの食べもののことでいっぱいだった。

現地では同じ年頃の兄弟がいる家にホームステイ。お母さんが作るボルシチがあまりにもおいしくて、「ハラショー！（すばらしい）」を連発するテンションの高さ……。だがしかし、まさかのお父さんがかなりの偏食で、その後はひたすら黒パンとチーズ、ボルシチの繰り返し。このままでは何も食べられないとあせった私がとった行動は、剣道の稽古を仮病で抜け出し、お小遣いで買い食いをすることだった。

中でもどうしても食べてみたかったのが、ひき肉の餡が詰まった揚げパン「ピロシキ」。ついに屋台を見つけ出して、アツアツの揚げたてを食べた感動は忘れられない。その後、もちろんバレてこってり怒られはしたけれど、今でもあの食いしん坊な大冒険をまったく後悔はしていないのだ。

ギリシャ

Greece

メリジャノサラタ
（ギリシャ風焼きなすサラダ）

憧れのサントリーニ島に降り立って、
大量の新婚カップルたちに囲まれながら
ギロを片手に絶景スポットで夕陽を眺めた。
あまりにその夕陽がすばらしくて、ひとりだなんて、
まったく気にならなかったのだ。

ギロ・ピタ
（ギリシャ風ピタサンド）

よーく冷やすと暑い季節にぴったりの前菜に。
なすの水気をしっかりきると味がぼやけません。

メリジャノサラタ
（ギリシャ風焼きなすサラダ）

材料（2〜3人分）

なす… 4本
A にんにく（すりおろし）…1/2かけ分
　オリーブオイル… 大さじ2
　白ワインビネガー… 大さじ1
　塩… 少々
オリーブオイル、
　ブラックオリーブ（種抜き）、
　好みのパン… 各適量

作り方

1 なすは魚焼きグリルで竹串がすっと通るまで焼く。熱いうちに縦半分に切り、スプーンで中身をすくい、ざるにあげて30分ほど水気をきる。
2 1を粗く刻み、ボウルに入れてAを加えまぜる。
3 器に盛り、オリーブオイルをかけてブラックオリーブをのせる。パンにのせて食べる。

Column

憧れのアテネ。でも大学1年とにかく貧乏！　さぁどうする？

真っ白な壁と青い屋根の建物だけで構成されたサントリーニ島の風景。その写真を雑誌で見て、「ここに立ってみたい」とギリシャへ行くことにしたのは大学生になりたての頃のこと。

とにかくお金がなかったので、格安航空券を乗り継いでやっと到着。歴史ロマンあふれるアテネという街に自分がいると感動しきりの中、困ったのは物価の高さだった。私の予算では毎食レストランには入れない……そんな困った状況を救ってくれたのがギリシャのファストフード「ギロ・ピタ」だ。

どこの街に行っても見かけるのが、ギロスタンド。店頭には焼き肉のかたまりが鎮座しており、注文するとナイフで肉を削いでくれる。温めたピタパンの上に肉、トマト、玉ねぎ、フライドポテトをのせ、ヨーグルトソースをとろーり。紙にのせて、くるっと巻けばできあがり。

これが、本当にうまい！　ひとつ食べればお腹がいっぱいになるボリュームで、ギリシャにいる間は毎日お世話になった。ワインだけは水より安かったので、赤ワイン片手にひたすらギロをほおばる日々。それでも大満足だったな。

にんにく入りヨーグルトソースがくせになる！
ギリシャ国民に愛される具だくさんサンド。

ギロ・ピタ
（ギリシャ風ピタサンド）

材料（２人分）

豚肩ロース肉（ブロック）… 200g
A 玉ねぎ（すりおろし）… 1/8個分
にんにく（すりおろし）… １かけ分
オリーブオイル … 小さじ２
塩 … 小さじ１
オレガノ、パプリカパウダー、
カイエンペッパー … 各小さじ1/2
B ギリシャヨーグルト … 1/2カップ
にんにく（すりおろし）、塩 … 少各々
トマト … 1/2個
紫玉ねぎ … 1/8個
イタリアンパセリ … ２枝
じゃがいも … １個
揚げ油 … 適量
オリーブオイル … 大さじ１
トルティーヤ（大判）… ２枚
レモン（くし形切り）… 適宜

作り方

1 豚肉は半分の厚さに切る。ジッパー付き保存袋にAをまぜ合わせ、豚肉を２～３時間漬け込む。器にBを合わせ、ソースを作る。トマトは5mm幅の薄切り、紫玉ねぎは薄切りにする。イタリアンパセリは3cm長さに切る。
2 じゃがいもは細切りにして20分ほど水にさらし、水気をペーパータオルでふく。180℃の油で表面がカリッとするまで揚げ、油を切る。豚肉からマリネ液を軽く指でぬぐいとる。
3 フライパンにオリーブオイルを中火で熱し、豚肉を入れて両面を２～３分ずつ焼き、とり出す。粗熱がとれたら5mm厚さに切る。
4 油を引かずにフライパンにトルティーヤを入れて両面を温め、3、2、トマト、紫玉ねぎ、イタリアンパセリ、ソースを等分にのせて巻く。お好みでレモンをしぼる。

Point

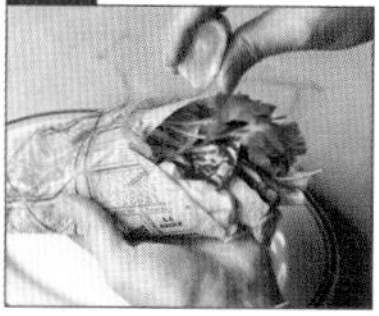

紙で包むのが現地流
ピタパンの代わりにトルティーヤを使用。紙で包むと食べやすい！

世界のごはんで宴会しようよPart 2

ワイン泥棒な料理を囲んでパーティーを。シリアの「フムス」、ウズベキスタンの「アチチュク」、スペインの「ポルボ・ア・フェイラ」を白ワインで軽くつまみ、スウェーデンの「ショットブッラル」で赤ワインへ。チーズやオリーブも小皿で添えてどうぞ。

世界で集めた！
ハナコの台所道具コレクション

私が普段愛用している料理道具は、世界の台所や市場で使われている日用品。素朴で少しゆがんでいたりもするけれど、だからこそ気負わずに料理できるのかも。

タイのアルミ鍋

タイの屋台で使われていたアルミ鍋に一目惚れして、現地の雑貨店で購入。チープな作りでふたも完全に閉まらないけれど、軽くてお湯が沸くのが早く、下ごしらえや料理に大活躍。

韓国の丸ざる

現地の合羽橋《かっぱばし》のようなエリアで買ったざるは、パンチングタイプで目詰まりしにくいのが◎。持ち手付きの方は特に使いやすく、同じお湯で数種類の野菜をゆでたいときなどに重宝。

マレーシアの丸バット

マレーシアのホームセンターで見つけた丸いバットは、アルミ製で軽く、大小重ねて収納できるのが便利。調理器具として使うのはもちろん、大皿代わりに食卓に出すことも。

ベトナムの包丁（左）と皮むき器（右）

素朴な見た目に反し、切れ味抜群！　現地ではさまざまなサイズが揃い、ビッグ包丁で豚のあばら骨を切っているおじさんも目撃。私も今度行ったら大きいのを買うぞ、と決めている。

モロッコの
クスクス鍋

モロッコの市場で見つけ、抱えて持ち帰ったクスクス専用鍋。上の鍋には穴があいていて、下の鍋で煮込みを作りながら、その蒸気で上の鍋に入れたクスクスを蒸すことができる。

スリランカの
クレープ鍋

ころんとした鍋は、現地の人気軽食「エッグホッパー」（目玉焼き入りクレープ）の専用鍋。スリランカがテーマのホムパでは、これでマッルン（P65）を作って出し、旅気分を演出。

インドのチャパティ用
フライパンと
チャイ用の茶漉し

デリーの家庭で使われていたフライパン。シンプルでいいねとほめたら、ご家族が急遽同じものを買ってきてくれて…涙。担いで帰った。オールステンレスの茶漉《こ》しもお気に入り。

トルコの
「チャイダンルック」

上のポットに濃い紅茶を入れ、下のポットでお湯を沸かす二段式ティーポット。世界一の紅茶消費国・トルコでは、一日中これを火にかけ、上の紅茶を下のお湯で割って飲み続ける。

イタリア・ナポリの
レモンしぼり器

しぼり器にもさまざまな形があるけれど、レモンの街・ナポリでよく見かけたのが、このレモンに差し込むタイプ。土産物店でひとつ買い求め、誰にも渡さず（笑）自分で使っている。

スリランカの
「ワラン」

スリランカで伝統的にカレー作りに使われる、素焼きの土鍋。スパイスをまぶした具材をワランに入れ、ふたをして火にかければおいしいカレーが完成！そのままテーブルへ。

Part 3

民族が行き交う味覚のるつぼ！

南米＆エキゾチック編

私にとって旅の一番の目的は、
未知の味と出会うこと。
中央アジアやアラブ諸国など、
日本ではあまり知られていない地域ほど
ワクワク感も高まるというもの。
案外、日本人にも親しみやすい味が多いから
まずは作って、味わってみてほしい！

レシピの国

ウズベキスタン　シリア　トルコ　モロッコ　メキシコ

MILDER
Extra
LA
CERVEZA
MAS
FINA
Alc.4.5% Vol.
MODELO, S. DE R.L. DE C.V.

タコミート

Mexico

メキシコ

ワカモレ

サルサ・メヒカーナ
（トマトのサルサ）

おいしいタコスと冷えたコロナビールには、
まばゆいばかりの太陽があってほしい。
そんな願いをかなえるためだけに、
メキシコへ行きたいといつも思うのだ。

チリパウダーでほんのりピリ辛味に。
多めに作ってタコライスにアレンジしても。

タコミート

材料（2～3人分）

牛ひき肉…100g
玉ねぎ…1/4個
トマト…1/2個
にんにく（みじん切り）… 1かけ分
チリパウダー…小さじ1
塩…小さじ1/2
オリーブオイル…大さじ1/2

作り方

1 玉ねぎはみじん切り、トマトは乱切りにする。
2 フライパンにオリーブオイルとにんにくを入れて中火で熱し、香りが立ったら玉ねぎを入れて透き通るまで炒める。ひき肉を加え、肉の色が変わったらチリパウダー、塩を加える。

これがあれば現地味！

チリパウダー

唐辛子ベースのミックススパイス。100%唐辛子のカイエンペッパーとは別物。

完熟したアボカドをつぶしたスパイシーディップ。
変色しやすいので食べる直前に作って。

ワカモレ

材料（2人分）

アボカド… 1個
紫玉ねぎ…1/4個
パクチー… 1枝
A ライム汁…1/2個分
　塩、にんにく（すりおろし）、
　タバスコ…各少々

作り方

1 紫玉ねぎ、パクチーはみじん切りにする。
2 アボカドは種を除いてスプーンで果肉をとり出し、ボウルに入れてフォークで粗くつぶす。紫玉ねぎ、パクチー、Aを入れてまぜ合わせる。

材料を刻んでまぜるだけで本場の味に！
トルティーヤチップスやパンにのせてもよし。

サルサ・メヒカーナ
（トマトのサルサ）

材料（2人分）

トマト…1/2個
ピーマン… 1個
紫玉ねぎ…1/8個
にんにく（すりおろし）…少々
塩…小さじ1
カイエンペッパー…小さじ1/2

作り方

1 トマト、ピーマンは5mm角に切る。紫玉ねぎはみじん切りにする。
2 ボウルにすべての材料を入れてまぜ合わせる。

みんなで巻き巻き！
タコスパーティー

作り方

トルティーヤはフライパン（油を引かず）で両面を温めるか蒸し器で蒸す。タコミート、ワカモレ、サルサ・メヒカーナのほか、せん切りレタス、ピザ用チーズ、ライムのくし形切りなどを用意し、各自好きな具材を巻いて食べる。

Column

ここは天国!?　小学生で初めてのメキシコ料理にどハマり

我が家の家族旅行はアジア圏が多かったのだけれど、小学生の頃なぜか突然「カンクンに行く」と両親が言い出した。どこそれ……？

聞けばメキシコのビーチリゾート。よくわからないまま長時間フライトで現地に着き、ホテルの前のビーチへ連れて行かれてまず兄に言ったのは「お兄ちゃん、ここ天国？」。

エメラルドブルーの海に真っ白な砂浜、雲ひとつない青い空。今でもリアルに覚えているほどすごい景色だったのだ。そして、この地の食べものが、子どものくせにやたらと口に合った。

タコスという料理もアボカドも生まれて初めて食べたけれど、即どハマり。どろどろした豆の煮込みも、紫色のとうもろこしのスープも大好きになった。ガイドさんが道ばたで買ってくれたサボテンの実も「種が多い梨みたいだな」とシャリシャリ食べたし、謎の青臭いジュースも喜んで飲んだ。

その幸せな記憶のおかげで、今でもメキシコは「おいしい国」。きっと大人になって行けば、また見え方も違うのだろう。今の私には、どんなメキシコが映るのか。次の旅が楽しみなのだ。

モロッコ風
にんじんサラダ
いんげんの
パクチーサラダ

モロッコ

砂漠の中に現れる迷路のような街並みに、
羊肉やクスクス、甘い香りのスパイス。
エキゾチックを絵に描いたような
モロッコにずっと憧れていた。

ラム肉と
プルーンのタジン

Morocco

スパイシーなクミン風味のドレッシングが
にんじんの甘さを引き立てます。

モロッコ風 にんじんサラダ

材料（2人分）

にんじん… 1本

A パセリ（みじん切り）、レモン汁
… 各大さじ1
はちみつ… 小さじ1
クミンパウダー、塩… 各小さじ1/2

作り方

1 にんじんは3cm長さに切り、四〜八つ割りにして1cm太さになるように切る。鍋に湯を沸かし、竹串がすっと通るまでゆで、湯をきる。
2 ボウルにAをまぜ合わせ、にんじんが熱いうちに加えてあえる。

パクチーはモロッコでも定番のハーブ。
肉料理の付け合わせに最適なあっさりサラダ。

いんげんの パクチーサラダ

材料（2人分）

いんげん…100g

A 紫玉ねぎ（みじん切り）… 大さじ2
パクチー（みじん切り）… 1枝分
オリーブオイル、レモン汁… 各大さじ1
塩… 少々

作り方

1 いんげんはかためにゆでし、4cm長さに切る。
2 ボウルにAをまぜ合わせ、いんげんが熱いうちに加えてあえる。

青い迷宮都市と呼ばれる
シャウエンの街並み。

スパイスやドライフルーツたっぷり！
異国風だけどどこかホッとするまろやかな煮込み。

ラム肉とプルーンのタジン

材料（3～4人分）

ラム薄切り肉 … 500g
A 塩、こしょう … 各少々
　にんにく（すりおろし）… 1かけ分
玉ねぎ … 1個
セロリ（茎）… 1本分
トマト … 1個
B シナモンパウダー、塩 … 各小さじ2
　コリアンダーパウダー、カルダモン
　　パウダー（あれば）… 各小さじ1
　ターメリック … 小さじ1/2
ドライプルーン、アプリコット … 各12個
オリーブオイル … 大さじ2
好みのパン … 適量

作り方

1 ラム肉はAをもみ込む。玉ねぎ、セロリはみじん切りにする。トマトはざく切りにする。
2 フライパンにオリーブオイル大さじ1を中火で熱し、ラム肉を広げ入れる。1～2分さわらず軽く焼き目をつけ、裏返して1分ほど焼いてとり出す。
3 同じフライパンに残りのオリーブオイルを中火で熱し、玉ねぎ、セロリの順に加えて炒める。ラム肉を戻し入れ、トマト、B、水1カップを加え、ふたをして10分ほど煮込み、プルーン、アプリコットを加えてさらに10分ほど煮る。パンを添えて食べる。

Column

かわいいだけじゃない！ 砂漠のキッチンに適した無水鍋。

日本でも数年前に流行った「タジン鍋」。とんがり帽子のような円錐形のふたがついた、かわいらしいけれどちょっとかさばる土鍋。もしや「勢いで買ったけれど、今は台所のどこかの棚に眠っている……」なんて人もいるのでは。

そんな鍋の故郷がモロッコ。地中海と大西洋に面した北アフリカ大陸にあり、広大なサハラ砂漠と迷宮のような路地が連なるエキゾチックな街が魅力の国だ。

タジン鍋の特徴は、無水調理が可能なこと。円錐形のふたの上部に水蒸気がたまって水滴が落ちるため、食材だけの水分で調理ができるのだ。昔は飲料水が少なかった砂漠地帯ならではの知恵がギュッと詰まった鍋！

ちなみに私が現地で家庭の台所やレストランの厨房を覗かせてもらったところ、本当に誰もがタジン鍋を使っていて秘かに感動した。なんと、砂漠にあった宿泊小屋の屋外キッチンでさえタジン鍋で料理をしている……。日本人にとってのゆきひら鍋のように、本当に身近な調理器具なのだなと、かわいらしいだけではない真の実力を見たのだった。

5

現地ごはん、いただきます！

多彩なメニューに目移り！トルコのあったかスープ

これまで30カ国以上を訪れたけれど、一番ハマった国を聞かれればトルコと答えるだろう。あまりにもごはんがおいしすぎて、隙あらばイスタンブール行きのチケットを確保。何度も通ううち「言葉がわかれば、もっとおいしいものが食べられるに違いない」とトルコ語を習い始め、料理上手で知られるアンネ（お母さん）のいる家庭に「料理ホームステイ」までしたほどだ。

そんなトルコで最初に覚えた料理は、レンズ豆のスープ「メルジメッキ・チョルバス」だった。日本でいうみそ汁のような存在で、どこの家庭でも年中作られる定番料理。レンズ豆のほか玉ねぎやトマトを加えて煮込み、仕上げにドライミントを溶かしたバターを加えると味

民家でアンネに料理を教えてもらう。みんな料理上手で、棚には自家製の保存食が並ぶ。

毎日スープ！ヤイラチョルバス（右・ヨーグルトスープ）とメルジメッキ・チョルバス（左）。

がビシッと決まるポタージュのようなスープだ。

そういえばトルコへ行くたび楽しみにしていたのが、食堂での朝食だった。まだオープン前の仕込み中だけれど、どこの店でもスープだけは数種できあがっている。「スープとパンだけでも良いのであけてくれませんか」と聞くと、大抵の店はこころよく入れてくれるのがなんともおおらか。

食料自給率がゆうに100%を超えるトルコは小麦も力強く、どんな小さな村に行っても焼きたてのおいしいパンが食べられる。朝、まだ寒い中、湯気の出るスープをたっぷり器に注いでもらい、パリッとしたパンをひたしながら食べる。今日はレンズ豆のスープ、明日はヨーグルトとディルのスープ、その次はチキンとレモンのスープ……。朝一番に温かいスープを飲むと、「さあ、今日はこの国で何をしよう」とパワーがもりもり湧いてくる。毎日の旅が、食堂のスープから始まっていたと言っても過言ではないかもしれない。

日本にいても、トルコがなつかしくなるとレンズ豆のスープを作る。ひと口飲めば、あの食堂の風景とワクワクがよみがえる……だから、私の台所からレンズ豆の在庫が切れることはないのだろう。

街中にあるモスク。一日5回アザーンが流れると、どこからともなく人々がお祈りに集まる。

なすをくり抜いた皮やパプリカを干して、米や肉を詰めて煮る「ドルマ」を作る。

友人宅でトルコ風ピザ「ピデ」ランチ。スパイシーなひき肉をのせて舟形に焼き、野菜をたっぷりと。

トルコ

Turkey

材料（3～4人分）

塩サバ… 4切れ
玉ねぎ… 1個
じゃがいも… 1個
トマト… 1個
イタリアンパセリ… 8枝
レモン… 1個
にんにく（みじん切り）… 1かけ分
オリーブオイル… 大さじ1
ローリエ… 1枚
粗びき黒こしょう… 少々

作り方

1 塩サバは2等分に切る。玉ねぎは薄切り、じゃがいもとトマトは5mm厚さの輪切りにする。イタリアンパセリは葉と茎を分ける。レモンは皮をむき、3mm厚さの輪切りにする。
2 冷たい鍋にオリーブオイルを引き、玉ねぎ、じゃがいも、にんにく、塩サバ、イタリアンパセリの茎、トマト、レモンの順で重ね、ローリエをのせる。水1/2カップを加え、ふたをして強火にかけ、沸騰したら弱火で10分ほど、じゃがいもがやわらかくなるまで煮る。
3 イタリアンパセリの葉を散らし、黒こしょうをふる。レモンと塩サバをくずしながら食べる。

この国の言葉を覚えたら、
もっとうまいものが食べられる。
そんな動機でトルコ語を習うほど
一時期にはどハマりした国。
オスマン帝国時代から続く
美食の歴史を味わい尽くしたい。

日本人になじみ深いサバはトルコでも人気食材。
レモンの酸味が効いた煮汁はパンにつけてもgood!

バルック・ブーラマ
（サバと野菜のレモン煮）

トルコの朝ごはんの定番卵メニュー。
でも赤ワインによく合うので、私はいつもおつまみに作っています。

メネメン
（トルコ風スクランブルエッグ）

材料（2人分）

卵…2個
玉ねぎ…1/4個
ピーマン…1個
トマト缶（カット）…1/2缶
クミンパウダー…小さじ1/2
塩、粗びき黒こしょう…各適量
オリーブオイル…小さじ1
バゲット…適量

作り方

1 卵は溶きほぐす。玉ねぎはみじん切り、ピーマンは1cm角に切る。
2 小さめのフライパンにオリーブオイルを中火で熱し、玉ねぎ、ピーマンを炒める。トマト、クミン、塩、黒こしょうを加えて3分ほど煮詰める。
3 卵を加え、かたまってきたら周りからゆっくり中心に向かってまぜる。半熟で火を止め、黒こしょうをふって、バゲットを添える。

豆の甘みに癒される、滋味深いスープ。
ほんのり香るミントの風味がアクセントに。

メルジメッキ・チョルバス
（レンズ豆のスープ）

材料（2人分）

レンズ豆（皮なし・乾燥）…1/2カップ
玉ねぎ…1/4個
トマト…1/2個
にんじん…1/4本
塩…小さじ1
バター…20g
ドライミント…小さじ1
レモン（くし形切り）…適宜

これが
あれば
現地味！

ドライミント

爽快な香りでトルコ料理では定番のハーブ。ハーブ専門店や通販で購入できる。

作り方

1 レンズ豆はさっと洗って水気をきる。玉ねぎ、トマト、にんじんは2cm角のざく切りにする。
2 鍋にレンズ豆、玉ねぎ、トマト、にんじん、水4カップ、塩を入れ、ふたをして強火にかけ、沸騰したら弱火で20分ほど煮る。ハンドブレンダーで攪拌《かくはん》し、なめらかにする。
3 小さめのフライパンにバターとドライミントを入れて中火にかけ、香りが立ったらスープの鍋に加えてまぜる。器に盛り、好みでレモンを添える。

シリア

Syria

今から20年近く前。
陸路でたどり着いたその国は、
にぎやかで楽しい場所だった。
食べものはおいしくて人も親切。
あの頃のシリアに早く戻るよう
心から祈っている。

フムス
（ひよこ豆のペースト）

チキンシャワルマ
（スパイシーグリルチキン）

シリアを始め中東地域で作られてきた伝統料理。
濃厚な味わいで、パンのほか野菜につけても◎。

フムス
（ひよこ豆のペースト）

材料（2～3人分）

ひよこ豆（水煮）… 200g
A レモン汁 … 1/2個分
　練り白ごま、オリーブオイル
　　… 各大さじ2
　塩、クミンパウダー … 各小さじ1/2
ひよこ豆の汁 … 適宜
オリーブオイル、クミンパウダー、
　ピタパンやバゲット … 各適量

作り方

1 フードプロセッサーにひよこ豆の汁気をきって入れ（汁はとりおく）、1分ほど攪拌《かくはん》する。
2 Aを加えてなめらかになるまで攪拌《かくはん》する。水気が足りなければひよこ豆の汁を加え、調整する。
3 器に盛り、スプーンなどで中央にくぼみをつけてオリーブオイルを注ぎ入れ、クミンパウダーをふり、ピタパンやバゲットを添える。

Column

現地で突如シリアの結婚式に参列！ 忘れられない幸せの味

世界遺産には関心がない方だけれど、シリアの「パルミラ遺跡」は思い出深い。拍子抜けするほど小さな村にあり、周りは数軒の民宿だけ。そんな中、砂漠に並ぶ荘厳なローマ様式の建造物に圧倒された。昼間なのに、空の右手には巨大な月、左には同じくらいの太陽。さすがに、「これは忘れない」と思ったものだ。

その夜、近くの民宿に泊まると「明日、結婚式があるので行かないか」と宿の娘さんに誘われた。もちろん行くに決まってる！　当日は、会場に行くとごちそうが並んでおり、圧巻は羊の丸焼きを取り囲む鶏の丸焼き。10羽はあったような……。車座になり、入れ代わり立ち代わりの来客がそれを食べていく。羊肉もおいしかったけれど、肉の味が濃い地鶏がめっぽううまい。にんにくマヨネーズをたっぷりつけ、ひとりで半羽は軽くたいらげた。

その後の内戦により「パルミラ遺跡」は甚大な被害を受け、観光の状況も大きく変わってしまっただろう。でもにんにくマヨネーズを添えたローストチキンを作ると、今でも結婚式で踊っていた楽しそうなシリアの人々を思い出す。

現地では肉を串に刺し、回転させながら焼く料理。
オーブンで香ばしく焼き上げて本場の味に。

チキンシャワルマ
（スパイシーグリルチキン）

材料（２人分）

鶏もも肉…２枚（500g）

A コリアンダーパウダー…大さじ１
パプリカパウダー、シナモンパウダー…各小さじ１
粗びき黒こしょう…小さじ1/2
にんにく（すりおろし）…１かけ分
オリーブオイル…大さじ１
塩…小さじ１

B ギリシャヨーグルト…100g
マヨネーズ…大さじ２
にんにく（すりおろし）…少々

トマト、イタリアンパセリ、ミントの葉…各適量

作り方

1 鶏肉は大きめのひと口大に切る。ジッパー付き保存袋にAをまぜ合わせ、鶏肉を入れてもみ込み、２～３時間漬ける。器にBを合わせ、ソースを作る。トマトは半月切りに、イタリアンパセリはざく切りにする。

2 オーブンを220℃に温めておく。天板にオーブン用シートを敷き、鶏肉を並べて上段で20分ほど、肉に火が通るまで焼く。竹串を刺して透明な汁が出たらOK。

3 器に盛り、トマト、イタリアンパセリ、ミント、ソースを添える。

Point

ソースをたっぷりかけて
にんにくマヨとスパイスの相乗効果で、食がさらに進むはず！

6

現地ごはん、いただきます！
羊肉、トマト、手打ちめん…クミン香るウズベキスタン

ウズベキスタンに興味を持ったのは、彼らがユーラシア大陸に分布する「テュルク系民族」で、トルコとルーツを共にしていると知ったからだった。そのためトルコ料理との共通点も多く、さらにはソビエト連邦の構成国だったためロシア料理の要素もまじっているなんて。いったいどんな料理なんだろうと知りたくなったのだ。

料理を教えてくれたのは、首都タシケントにお住まいのご家族。ぶどう棚を抜けると広い庭があり、なにやら炭火の上にふたつの大鍋がのっている。「今日はウズベキスタンの国民的料理、プロフとラグマンを作りましょう」と料理教室がスタートした。

まずはピラフの語源とも言われる炊き込みごはん「プロフ」。野菜

ラグマンのめんは、まず生地を細く延ばしてとぐろ状に巻く。この後さらに細く延ばしていく。

美しき若奥様に料理を習う。言葉は伝わらなくても、見ていればわかるのが料理の良いところ。

と羊肉、クミン、レーズンなどをたっぷりの油で炒め、米をのせたら中心に箸で穴をあけて炊き上げる料理。「穴をあけると上手に炊けるのよ」とお母さん。我が国も米が主食だけれど、初めて見るテクニックで面白いな。

さらにめん料理の「ラグマン」。大きな器にとぐろを巻く小麦粉生地のかたまりが用意され、これを手で細く延ばしてめんを作っていく。ラストは両側からぐいぐい引っ張って完成！　お母さんがめん職人さながらで、思わず拍手してしまう。

庭の大鍋では羊肉、トマト、玉ねぎ、大根、にんじんなどをじっくり煮込んだソースも同時に進行中。ゆでためんにかければできあがりだ。なるほど、羊肉、クミン、トマトペースト、煮込み料理などトルコとの共通点もたくさん。食後にジャム入りの紅茶を飲むのはロシアからの文化なのだろう。

どちらも炭水化物なのでお腹いっぱい！　それでも家庭ならではのやさしさがしみる味わいだった。よく晴れた日、庭にテーブルを出して家族で囲むおだやかなランチ。きっと昔からこんな感じなのだろうなあと、ユーラシアの歴史を少し見せてもらった気がした。

主食の「ノン」。ずっしりと重く、外はカリカリ、中はもっちり。専用判でつける模様がかわいい。

入った食堂がおいしかったので、厨房を見せてもらうついでに料理教室。みなさんとても親切！

レストランで食べた羊肉のプロフ。盛られた器は、社会主義国時代から続く伝統柄の皿（P69）。

プロフ
（ウズベキスタン風炊き込みごはん）

Uzbekistan

ウズベキスタン

行くまでは
少し緊張していた
初の中央アジア。
着いてみると、
驚くほど平和な国。
めんもごはんもおいしく、
街はとても美しかった。

アチチュク
（トマトときゅうりのサラダ）

にんじんたっぷりで、やさしい味わいのピラフ。
現地ではおもてなしや宴会に欠かせない伝統料理。

プロフ
（ウズベキスタン風炊き込みごはん）

材料（４～５人分）

米… ２合
ラム薄切り肉 … 200g
A 塩、こしょう … 各少々
玉ねぎ … 1/2個
にんじん … １本
ひよこ豆（水煮）… 100g
にんにく（小さめのもの）… １個
うずらの卵（水煮）… 12個
サラダ油 … 大さじ２
クミンシード … 小さじ１
塩 … 大さじ１

これが
あれば
現地味！

クミンシード

地中海地域、中東、中央アジア、南アジアなどでよく使われる。カレーを思わせる香り。

作り方

1 米は洗ってざるにあげる。ラム肉はAで下味をつける。玉ねぎは薄切り、にんじんは2mm幅の細切りにする。
2 冷たい鍋にサラダ油、クミンシードを入れて中火にかけ、泡が出てきたら玉ねぎを入れて炒める。ラム肉を加え、肉の色が変わったらにんじん、汁気をきったひよこ豆、にんにくを皮付きのまま丸ごと入れて１分ほど炒め、米を加えて２分ほど炒める。
3 分量の塩を溶かした水２カップ、うずらの卵を加えまぜ、ふたをして弱火で15分ほど炊き、火を止めて10分ほど蒸らす。

伝統的なパン「ノン」。
クリームとジャムをのせる。

プロフの付け合わせによく食べられるサラダ。
酸味と玉ねぎの辛みで、口の中がさっぱり！

アチチュク
（トマトときゅうりのサラダ）

材料（2人分）

トマト… 1個
きゅうり… 1本
紫玉ねぎ…1/8個
ディル… 3枝
レモン汁…1/2個分
塩…小さじ1/2

これが
あれば
現地味！

ディル

やわらかな細い葉が特徴のセリ科のハーブ。葉や茎に爽やかな芳香があり、かむとほんのり甘みが。

作り方

1 トマト、きゅうりは乱切り、紫玉ねぎは薄切りにする。ディルは粗く刻む。
2 ボウルに1を入れ、レモン汁、塩を加えてまぜる。

Point

**ウズベキスタンは
ハーブ大国**

スパイスだけでなく、ハーブを多用するのもウズベキスタン料理の特色。市場に行くとディルのほか、パクチー、パセリなどがずらり。

大釜で炊く「プロフ」。

タンドールで焼く肉入りパイ「ソムサ」。

路上で売られる「ノン」。

ツレヅレハナコ

おいしい料理とお酒と旅をこよなく愛する文筆家。日々の食生活をつづったSNSが大人気で、インスタグラムでは７万人以上のフォロワーを持つ。著書に『女ひとりの夜つまみ』(幻冬舎)、『ツレヅレハナコの２素材で私つまみ』(KADOKAWA)、『ツレヅレハナコの薬味づくしおつまみ帖』『ツレヅレハナコの揚げもの天国』(ともにPHP研究所)など多数。

Instagram
@turehana1

X
@turehana

staff

ブックデザイン　吉村亮　石井志歩（Yoshi-des.）
撮影　原ヒデトシ
旅の写真　ツレヅレハナコ
スパイスとハーブの写真　関根 統
フードスタイリング　遠藤文香
取材・編集協力　野田りえ
編集担当　中野桜子
編集デスク　樋口 健、北川編子（光文社）

SpecialThanks

市川円香
牛丸裕介
高橋悠一郎
pizza da tutti
間島穂奈美
向井美紀
吉田祥子

ハナコの書《か》き留《と》めた「味《あじ》コピ」！　おいしいトコだけ世界一周《せかいいっしゅう》食《た》べ歩《ある》き

世界《せかい》の現地《げんち》ごはん帖《ちょう》

2024年２月29日　初版第１刷発行

著　者　ツレヅレハナコ
発行者　三宅貴久
発行所　株式会社　光文社
〒112-8011東京都文京区音羽1-16-6
電　話　編集部　03-5395-8172
書籍販売部　03-5395-8116
業務部　03-5395-8125
メール　non@kobunsha.com
落丁本・乱丁本は業務部へご連絡くだされば、
お取り替えいたします。

組　版　堀内印刷
印刷所　堀内印刷
製本所　ナショナル製本

★本書は、『クックパッドからおいしいレシピを厳選しました！ たったひとふりの魔法ハーブ＆スパイスrecipe105』より一部を再掲載して新規撮影をし編集したものです。

ISBN978-4-334-10231-9